JN086624

続・こころの作文

綴り、読み合い、
人として
生きていくことを
励まし合う

勝村 謙司《Katsumura Kenji》●著
川地亜弥子《Kawaji Ayako》●解説

かもがわ出版

発刊によせて

勝村謙司先生の教え子たちの作文には、「本当のこと」が書いてあります。
家族や友だちと遊んで楽しかったこと、けんかしたこと。運動会や文化祭でがんばったこと。文集をめくると、ていねいな文字で書かれた作文もあれば、書き殴ったような文字で書かれた作文、消しゴムで消した跡が残っている作文もあります。先生は内容に手を加えず、ありのままの形で載っています。

ときには胸を締め付けられるような作文もあります。
お父さんが倒れて、病院に運ばれたことを書いた子。お母さんを突然亡くした日のことを綴った子。お母さんと二人でハローワークに行き、その後カラオケに行ったことを書いた子もいます。

これらはどれも、授業でクラスメートと勝村先生や同僚の先生が一緒に読み合います。書いた子の気持ちを想像し、話し合い、本人に気持ちを尋ねることもあります。

私は2015年春からの1年間、勝村先生が担任をした堺市立安井小学校の6年1組に通い、子どもたちの成長の様子を新聞に連載しました。勝村先生が過去の教え子について書いた文章と合わせて『こころの作文　～綴り、読み合い、育ち合う子どもたち～』（かもがわ出版）

という1冊の本になりました。

この本を書いていたときも、今回の勝村先生の新刊『続　こころの作文』を読んでも、子どもたちがなぜこんなに「本当のこと」を書けるのだろうかと考えます。

それは、「知ってほしい」からだと思います。クラスで自分の作文が読み上げられると、書いた子は恥ずかしそうな、でも、うれしそうな表情をします。楽しいことも、悩んでいることも、子どもは本来「知ってほしい」ものなんだということが、取材していてよくわかりました。そもそも私たち大人だって、自分の思いを誰かに知ってほしいものです。

ですが、「本当のこと」を学校の作文に書くのは、特に高学年になると、簡単ではありません。友だちや先生や親に読まれると思うと、本当の気持ちを押し隠したり、ときには大人の求めるような内容を「忖度《そんたく》」して書いたりする子もいると思います。「本当の気持ちを書いてもきっと受けとめてくれる」そう思わせてくれるような友だちや先生がいなければ、なかなか書けません。勝村先生は、普段の子どもたちとの関わりの中で、そういうクラスの雰囲気をつくり上げていました。

どの学校、どの学級もそうあってほしいと思います。でも、それを難しくさせている現場の「空気」を感じることもあります。

18年春、関西のある学校で小中学校の先生が集まり、『こころの作文』の読書会が開かれました。好意的な感想を述べる先生が多い中、一人の男の先生が言いました。

「この本に書いてある取り組みはすばらしい。でも、自分の学校ではできません。余裕もないし……。ベテランの先生だから好き勝手にできるんちゃうか、とも思ってしまいます」

公立中学校に勤めるその先生は30代だったと思いますが、言いぶりや表情から、なんとなく疲れているような感じを受けました。

また、その翌年のことです。関東のある学校で開かれた作文教育の勉強会で、小学生の女の子のすばらしい作文に出会いました。命を落としたペットへの思いを綴った作文です。ぜひ筆者の実名を出して新聞に載せたいと思い、その子の小学校に電話すると、校長先生は「新聞に載せることで、つらいことを思い出してPTSDみたいなことになりかねません。教育委員会の許可も必要ですし……」と後ろ向きで、書いた本人の気持ちを確かめるつもりもなさそうでした。

私は「ご本人や保護者が望まない場合は載せませんので、なんとか確認だけしてもらえないでしょうか」と繰り返しお願いし、結果的には掲載できました。教育委員会の担当者がたまたまこの件に前向きだったことが、校長先生の背中を押したようでした。しかし、先ほどの公立中の先生の話も含めたこの二つのエピソードは、いまの学校現場を取材する中で普段感じる「空気」を象徴しています。

勝村先生の作文教育は「生活綴方」と呼ばれ、100年以上の歴史がある、古典的とも言える教育実践です。しかし近年は教師の多忙化や個人情報への配慮から、学級文集を作る学級が減り、取り組む先生が少なくなっています。1998年には小中学校・高校の学習指導要領から「作文」の文字が消え、「論理的思考力」が重視されるようになりました。

近年は教育委員会や学校が教師に指導方法などを示す「スタンダード」という言葉も広まり、学校現場が窮屈になり、しんどくなったと言われて久しいです。ある元小学校教員は私の取材に「子どものことを語る余裕がない職員室が増えている」と話していました。

しかし、希望を感じる出来事もあります。

20年2月、大阪で開かれた作文教育研究大会。会場は200人の教師たちで満員でしたが、その大半が20~30代の若手でした。私がこの種の勉強会に顔を出し始めた15年ごろより、明らかに若手が増えています。子どもの作文を紹介する先生たちの表情はどれも真剣で、また生き生きとしていました。生活綴方に意義を感じ、しんどい環境の中でも活路を見いだそうとしている意欲的な先生が集まっていると感じました。

勝村先生の新刊『続・こころの作文』は、作文の技術について書いている本ではありません。子どもが作文で「本当のこと」を書くこと、またそれをクラスで読み合うことがいかに重要かということが、紹介されている本です。

作文を読み合う授業をどう展開するかについても具体的に書かれ、国語の物語文の授業も生き生きと再現されています。多くの先生にとっても、保護者の方々にとっても、興味深い内容だと思います。

２０２０年はコロナ禍で全国一斉休校がありました。日中に親が子どもと過ごせない家庭には特に厳しい期間となり、「しんどい家庭にしわ寄せが来ている」という声も多く聞かれました。しかしその中でも、休校中のしんどさだけでなく、それを乗り越えようとするたくましさ、学校再開後の喜びが伝わってくる作文を書いた子たちが、全国にたくさんいます。この期間は、生活綴方の持つ意味を浮き彫りにした期間だったと言えるかもしれません。

『続・こころの作文』。一人でも多くの読者の手に渡ることを、心から願います。

２０２１年　６月

朝日新聞記者　宮崎　亮

はじめに

新型コロナウイルスの感染問題が起こり、一年半が経ちました。小中学校においても感染が起因になった差別、偏見、いじめなどが起こりました。また心の病で休職・退職した公立学校教員らの数が、過去最多を更新したと、文部科学省の調査で判明しました。

だからこそ、自分を愛したり、人を愛したり、自然を愛するなど、人が人として生きていくうえで大切なこころの育ちが重要ではないでしょうか。

初刊『こころの作文』では、子どもが生活のありのままを作文に書き、それをクラス全員で読み合う生活綴方（作文教育）を、全校で10年以上続けてきた堺市立安井小学校を紹介しました。子どもたちの生きる意欲や思いやりの心が育まれていく過程を、多くの読者のみなさんに伝えてきました。

その第1章で「ひよことうずら」の作文を書いた大森大志から、2020年6月初めに電話がありました。

「安井小の先生方は、オレらを力で押さえつけないで、言葉でわからそうとしてくれた」

「オレらがどんな悪さしたときも作文を書かせてくれて、それをいつも読んでくれた」

大志のことばは、私のこころに響きました。コロナ禍にあって、休校中自宅待機を強いられている子どもたちへの学びの保障はどうあるべきか、悩んでいたからです。

ＩＣＴを活用したオンライン学習や双方向型授業は、休校中の家庭での自己学習を助けるために有効です。しかし、学ぶ上で人としてのこころの成長も忘れてはなりません。

本書では、子どもが生活を綴り、読み合うことによって、互いにこころ開き、人として生きていくことを励まし合う過程を、堺の安井小学校に加えて新金岡東小学校での取り組みを通して紹介します。どちらの学校も、全校あげて生活綴方教育に取り組んでいます。まず、生活綴方教育で育った卒業生二人の語りを中心に、周りの大人がどのように関わったかをプロローグで書きました。

1章では、「安井小の子どもの生活と表現」について、自己表現することによって、ともに人としていかに成長していくことができたかを書きました。

2章では、「生活綴方と学ぶことの意義」をテーマに、自己表現をより確かなものにするための、作文の授業と文学作品・物語文や詩の授業のあり方について書きました。作文教育と文学教育はいわば車の両輪で、どちらもなくてはならないものだからです。

そして、エピローグでは、高校生が綴った「作文」を紹介します。自分の言葉で書く自己表現は、小学生に限らず人間にとって重要なものであることが、高校生の作文からわかります。

今回の本も前回同様にできるだけ実名（子どもはカタカナ表記）にしました。取り組みの事実を知ってもらうことによって、今の教育のあり方をみなさんとともに考えていきたいと思ったからです。

実名表記に協力していただいた先生方、子どもたち、保護者のみなさんに感謝の気持ちでいっぱいです。

本当にありがとうございました。

勝村謙司

もくじ

プロローグ
安井小の生活綴方教育を語る

２０２０年10月31日、「堺平和のための戦争展」で主催者から「子どもたちに平和と安心の日々を」という演題で話してほしいという依頼を受けました。安井小を２００６年度に卒業した大森大志からの強い要望もあり、大志と同じく卒業生代表として『こころの作文』プロローグに登場した朝田愛梨、共に執筆した朝日新聞の宮崎亮記者、のびのびルーム（学童保育）の三嶋公子元主任指導員と、私との座談会形式でおこなうことにしました。「三密」を避けるため、私がもらった演題で『こころの作文』の話をして、他の４人は、さらに自分が深く関わったところを話す、いわばパネルディスカッションのような形式になりました。参加者は70名でした。

1 勝村の話

新型コロナウイルス感染防止に向け、学校においては一斉休校処置。休校明け、マスク着用や感染拡大リスクが高い「3つの密（密閉・密集・密接）」を徹底的に避ける、身体的距離を確保するといった感染症対策が徹底されました。防止のためには必要なことだと思いましたが、そのことによって子ども同士あるいは子どもと教師、子どもと親のこころの距離がはなれていることから発生する事件や心配な出来事が起こっているのではないか、とこころを痛めています。

今年、新金岡東小学校で学級補助に入らせてもらい、経験したことを話します。

1年生のハルカとリア。ある日「ハルカちゃん座りなさい」というリアの言葉に、「好きなリアちゃんから先生みたいに上から言われるのイヤ」とハルカはキレました。互いに言葉で思いを言えたからこそ起こった揉めごとです。

作文の授業と同じように、私は、そのときの本人たち

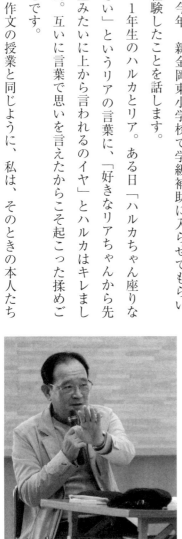

の思いを大切にしたいと考えました。そこで話し合いでは私が積極的に発言するのではなく、本人たちが中心になって話し合えるように舵取りに徹しました。このあと、話し合って2人はわかり合えました。

新金岡東小では、このような学級での出来事も、校長先生はじめ1年生児童に関わる先生方や、のびのびルーム（学童保育）の指導員の方が、子どもの成長のために大事な問題として共有してくれます。

学校は互いの本音（真《まこと》の思い）が言え、わかり合えるところでありたいと思っています。1年生の子どもが作文を書き、その作文を読み合うことを通して学級づくりをおこなう、そのことを学校が応援することで、実現できるのではないかと考えています。

イッセイとジョウジのこと

２０１６年に安井小を卒業し中学校へ進んだイッセイ（『こころの作文』1章）のお母さんから「こんな作文をイッセイが書きました。泣いちゃいました」と、私のところに電話がありました。

クリスマス戦争

中学1年　イッセイ

僕にはクリスマスがこない。なぜかというと、僕がサンタさんだからだ。

僕は、サンタの実体を知ってからサンタさん役になってしまった。だから僕は、もうサンタさんからプレゼントをもらえない。

でも僕は、あきらめない。なんとしてでもサンタさんからプレゼントをもらうのだ。

そこで考えた。どうすればプレゼントをもらえるかだ。

でも僕は、考えている途中に思った。

(お母さんは、シングルマザーで僕たちを育ててくれて、お金がないのにそんなぜいたくを言っていられないと。)だから僕は、がまんすることにした。

でもお母さんは、やさしいから「気にしないでいいよ。」と、言うと思う。

そして大人になったら、お母さんにお金にこまらない生活をおくらせてあげようと思った。


反抗期のイッセイが、面と向かって言えないことを作文に書き、自分の思いを母に届けることができました。子どもと保護者の心の結びつきを強めた作文にうれしさを感じました。

母がフィリピン出身のジョウジは、２０１７年10月に安井小に転校してきて、すぐにこんな作文を書きました。

しょうらいのゆめ

4年　ジョウジ

ぼくは、しょうらい大工になりたいです。理由は、作るのがもともとすきだったからです。今から力をつけて、重たいものでももてるようにがんばります。

それで親こうこうがしたいです。理由は、お母さんにうまれたときからずっとそだててくれたからつぎは、ぼくがおかえししたいと思います。

ぼくは、ひっこしをいっぱいしてお金がへっているから大人になって、ぜったい大工になってぜったいにお母さんに家をプレゼントします。

そして早く大人になってお母さんにしあわせになってほしいです。

図画が好きなジョウジの能力を見抜き、自信を持たせてくれた図画工作担当の柴原幸光先生は、兄弟の境遇を聞き、励ましました。それがあったからこそ書けた作文です。

安井小に来る前の3校では辛いことがあったようです。その後、3年生の弟スグルも転入生の自分をあたたかく迎えてくれたクラスの友だちのやさしさに感謝する作文を書きました。その一部を紹介します。

にしこおり公園に行ったよ

3年　スグル

11月8日木曜日にぼくは、にしこおり公園に行ったよ。まずぼくは、朝にじゅんびをして、おべんとうを三百円でにくまんとアメリカンドッグを買いました。94円のこりました。そして、家にかえって水とうをいれました。シートとふくろは、きのうよういしてました。そして、7時50分にでて、こうきくんの家のマンションの下でまっていました。みんなでいっしょに学校に行きました。

・・・・・・・中略・・・・・・

そして、たけるとりょうたろうとゆうでおべんとうを食べました。りょうたろうくんがのりとおにぎりをくれました。食べおわったときにたけるくんがソーセージをくれました。おいしかったです。公園であそびました。たのしかったです。またしゅうごうしてかえりました。でんしゃでひろなとせいたがねてました。また行きたいです。

自分のこと、生活をありのまま書き、成長できたのは、どんなことを言っても書いても安心できるクラス、学校だったからです。そして、安井校区は、厳しい家庭環境で育ってきた子ども、外国から来た子ども、すべての子どもと家庭をあたたかく迎え入れてくれました。『こころの作文』を自治会で回覧し、30冊もひろげてくれました。安井という地域だったから、生活綴方教育を10年以上続けることができたと思っています。

2 宮崎　亮記者（朝日新聞社）の話

取材までの経緯

関西で長く記者をし、現在は東京にいます。２０１５年度、当時勝村さんが担任していた6年1組のクラスに、1年間で約70回通いながら取材をし、連載記事にさせてもらいました。

子どもの声を聴くこと

連載を書くにあたり、大志さんの「ひよことうずら」の作文について取材しました。小学4年生のときに書いた作文にあった「つばめのすがほしい」という言葉の真意について聞くことができました。

当時、大志さんの近所の家につくられていたつばめの巣が安井小の子どもによって壊され、住人が怒ると

いう出来事がありました。その際に大志さんは自ら名乗り出て勝村先生と住人に謝りにいくのですが、取材で、実は壊したのは大志さんではなく、年下の女の子だったということがわかりました。大志さんは、口下手で正しく伝えることができなかったということでした。その話を聞きながら、「勝村先生でさえ、子どもの声を聴くことは難しいんだ」と感じました。

余談ですが、私の取材によって、大志さんの冤罪を十数年ぶりに晴らしたと思っています（笑）。

作文というと「書くこと」だとまず思いますが、聴くことも大事です。そのことがわかっている勝村先生でもわからなかったんだなあと思いました。

２０１３年度にも勝村先生に取材を申し込んでいましたが、そのときには断られました。その後、事件担当記者になり、教育の取材から遠ざかったのですが、外れた２０１５年に電話すると、今度は受けてもらえました。この年は退職前の勝村先生の最後の年で、当時の校長先生も協力的であり、取材が実現しました。校長先生も何でも見せようという方だったし……。当時の6年1組は、「少しやんちゃなクラス」でした。

何か揉めごとが起こると勝村先生が走ってくる。でもそのとき、勝村先生は「コラ！」と言わず「どうしたんや？」と聞く先生でした。

イッセイくんは前の学校でも教頭先生がマンツーマンで授業をおこなうなど、特別な配慮が必要な子どもであったようです。しかし、勝村先生はイッセイくんなどをクラスの中心に据えて、教育に取り組んでいました。

しんどい子を隔離するのでなく、あえて中心にするという様子を見てきました。

2015年の2学期にケントくんが転校してきました。転校前は中国地方に住んでいたが、クラスでいじめにあい、自宅に引きこもっていたようです。転校当初は他の子どもたちもケントくんに興味をもち、クラスの中心的な存在となっていました。しかし、徐々にコミュニケーションの難しさからクラスの番長的な存在の子どもとけんかになることが多くなり、ケントくんがクラスで浮いた存在になりました。

ケントくんの家庭は朝食を準備することが難しい家庭でした。学校へ向かう阪急電車の中で勝村先生から「おにぎりとパン買ってきて」「ケントくんの朝ご飯を買ってきてほしいんや」と電話を受けることもありました。

子どもたちと仲よくなって

修学旅行に同行して、ジェットコースターに乗らされたりもしました。

修学旅行で、ケントくんは行き先である「スペイン村（三重県内にあるテーマパーク）」の園内を一人で歩いていました。

後日クラスで作文を書くことになり、修学旅行について書く子どもが多かったですが、ケントくんは釣りにいったエピソードを書いていました。

釣りにいった

6年　ケント

岡山の牛窓のせとないかいにいった。ベラと真鯛と黒鯛を釣った。エサは、青イソメでしかけが投バリと中どおしオモリ2号とハリス3号サオは、万のうの手ザオで釣りをした、ベラは、ひきがつよくておもしろかった。

岡山の川で鯰をつった。レッドヘッドのルアーで釣った。

ケントくんは勉強が苦手でした。作文の大半はひらがなで書かれていましたが、「鯛」や「鯰」など学校では習っていない漢字をていねいに書いていた。勝村先生は作文を読み上げた後、「みんな、釣りの何が好きや？」と、問いかけました。すると、ケントと一番ぶつかっていたイッセイくんが一番最初に発言し、そこからケントくんを含めてコミュニケーションが広がっていきました。また、ケントくんに料理という特技があるとわかり、身振り手振りで説明する。その説明を聞きながらクラス全体が笑い声に包まれ、予想を超えてうまくいった授業だったと、勝村先生も言われていました。学校に来ないことが多かったケントくんでしたが、この作文でのエピソードを機会に少しずつクラスでも受け入れられるようになりました。

安井小は、上手な作文を書くことは二の次で、読み合うことを大切にしていました。

取材を通して作文の授業、そして作文を通じてクラスが変わっていく姿を見て、勝村先生のような授業が他の学校やクラスでもあれば、と強く感じました。

3 安井小学校卒業生　大森大志さんの話

安井小学校で作文を書くまでは

小学1、2年は別の小学校に通っていました。その小学校では先生とのトラブルから教室に入ることができませんでした。しかし、今となっては自分自身の努力不足もあったのではないかと思うこともあります。その影響もあってか、今でも勉強は苦手です。

安井小学校に転校してから

3年生で安井小学校へ転校してきました。それまでの小学校での経験もあり、転校時には「どうせ……」といった気持ちが強かったです。しかし、当時の先生が受け入

れてくれ、教室でみんなと勉強をさせてもらえました。

上級生とはけんかすることが多かったです。でも先生たちは叱るのではなく、「それで解決したのか?」「スッキリしたのか?」と問いかけられました。そして最後には「次からは仲良く」と言ってくれました。

授業に対しては、せっかく教室に入ったのに、ゲームをするなどしてまじめに受けていませんでした。

4年生で勝村さんにはとてもお世話になりました。勝村さんは自分を排除するのではなく、さとすような説明や、理由を説きながら話し合うなどで、押さえつけるような教育ではありませんでした。背中で語りながら教えてくれるなど、一人の人間としてぶつかってきてくれました。ぼくをかばって、管理職とけんかすることもありました。勝村先生が、無事に定年を迎えることができてうれしい。今、そう思っています。

勝村との出会いを通じて

最近、道端で自分より若い人と肩が接触し、因縁をつけられました。力でやりあったら自分のほうが勝てる、と思いながらも、踏みとどまることができました。

そういった若い人たちの振る舞いを見ていると、昔の自分と重なって見えることもあります。そんなときには勝村さんや先生たちから教えてもらえたことを思い出します。

勝村さんが自分たちにしてくれた作文などの教育は、次の世代の先生や大人たちにもバトンタッチしてほしいと思います。

そういったつながりを大人になって感じたし、理解することができました。本日の講演会も含めて、いろいろな人たちと出会えたことが幸せであると思います。

4　安井小学校卒業生　朝田愛梨さんの話

現在の気持ち

「輝け奇跡の命」が本に掲載されることを主治医の先生に伝えました。その際に「今でも病気は敵か？」と問いかけられました。

現在では病気は敵ではないが、向き合っていかないといけない存在として考えています。そのように考えることができるようになったのは、周囲のみなさん（自分を支えてくれた人たち）のおかげであり、自分は非常に恵

まれていると思っています。

周囲の存在に恵まれていると感じたエピソード

安井小学校1年から2年へ進級する際、1階から2階に教室が変わることになりました。しかし、車椅子を使用していたことやバリアフリーの環境でなかったこともあり、進級後は1階に教室があるひまわり学級（支援学級）で過ごす予定となりました。

その話を聞いた友だちのお母さんが「自分たちの子どもはたまたま健康だっただけ」と異議を唱えてくれ、1階の今の教室で6年卒業するまで過ごそう、と、クラスメートの自宅に一軒ずつ連絡を入れてくれたそうです。

また、友だちも「愛梨と離れたくない」と言ってくれました。そして当時の校長先生も「できないことはあっても、やってはいけないことはない」と教室を変えないで、学校もバリアフリーにしてくれました。

修学旅行のときも友だちが車椅子を押してくれたり、遊園地で私がアトラクションに乗れないときに「愛梨が乗れないなら、私も乗らない」と行動を合わせてくれたこともありました。

中学校に進級してからも、教頭先生から「（愛梨さんが）周りのお荷物のような存在になってはいけない」と、私も他の生徒も全員同じ生徒であると伝えてくれたり、ときには「社会に出たら甘えることはできない」といったような厳しさも兼ね揃えた指導をしてくれました。教頭先生との関わりを通して、「甘えるのではなく、自分ができることをやろう」という気持ちをもつことができました。

ときどき弱気になることもありました。ある日、申し訳なさから車椅子を押してくれていた友だちに「迷惑かけてごめんね」と謝罪したことがありました。しかし、友だちは「何言ってるの。何のために運動部で鍛えてると思ってるの。愛梨の車椅子を押すことがうれしいよ」と言ってくれました。

特に家族は自分以上に、悲しいときは一緒に悲しみ、うれしいときは一緒に喜んでくれました。

作文を書くことで気づいたことや今につながっていること

小学3、4年生時に何回かの入退院を経験しました。退院後教室の扉を開けるのが怖かったです。しかし、いつもクラスのみんなが迎えてくれ、友だちや先生が自分をよく見てくれたり、話を聞いてくれました。その支えがあったから、正直な気持ちを書くことができたと思います。そして作文を書かせてくれ、それを読んでくれる先生がいました。どうでもいいことを書いたつもりでも絶対に読んでくれたので、不安はありませんでした。

思っていることや考えていることを書き出す習慣が身につきました。心の中がゴチャゴチャし、感情がわからなくなることもありましたが、文章として書き出すことで、「自分はこれでイライラしてたんや」など感情や背景が見えてくることが多くありました。

卒業後、自分の考えを文章で表現することには苦労しませんでした。安井小学校で作文を書いてきたことで、文章を書くことに慣れていたからだと思います。また、同時に文章を書くことが好きになりました。

安井小学校では答えがあってその内容を求められて書くのではなく、自分の好きなことを書くことができました。答えを求められる作文を書き続けていたら、今のように書くことが好きにはならなかったと思います。

生活綴方教育があたり前になってほしいと思います。

5　元安井小学校のびのびルーム　三嶋公子元主任指導員の話

17年間のびのびルームを担当して

のびのびルームは学校でも家でもない環境です。さまざまな環境でしんどさを感じている子どもたちが利用していることもあります。

先ほど勝村先生から話があったスグルくんたち兄弟が、日曜日に遊んではいけない川の所で、たくさんの石を投げて遊んだことがありました。ただ注意するだけではなく、のびのびルームのない日の過ごし方を私が子ども会の活動に関わっていることもあり、子ども会の人と一緒に考えるようになりました。

子ども会も巻き込んで、地域の大人が子どもを知ることで、子どもたちがやんちゃをしても声をかけやすい環境になったと思います。そして少しずつスグルくんたちは地域に溶け込むことができました。

子育てが大変な時代となっています。その時代の中でのびのびルームは学校と家の間のガス抜きの場でもあります。子どもたちや家族にとってのセーフティーネットになりたい、と思っています。

のびのびルームに限らず、ほめることを大切にする中で、子どもたちはいろいろな大人と関わり、育っていくと考えています。

6 質疑や感想交流から

・大志さんや愛梨さんに会うことを楽しみにしていました。2人とも想像していた以上に素敵な大人になっていてうれしく思いました。

・勝村先生、宮崎記者のお話、ほんとうに感激しながら聞かせてもらいました。大志さん、愛梨さんが目の前にいる空間、すごいなあと心がふるえる思いでした。大志さんがお話の中で、何度も「安井小が……」と言っていたこと、もちろん勝村先生との関わりが大きなものだったことは言うまでもないですが、安井小の先生方が心を合わせてやっていたことが本当にすばらしいなあと思いました。

・大志さんが勉強はきらいと言われましたが、自分の思いをこんなに生き生きと語れることは、ものすごい言葉の力だと思います。愛梨さんの病気は「敵か」という考えが変わったという話も、自分の考えを深めて深めてのことだと思います。

1章

安井小の子どもの生活と表現

この章では、『こころの作文』に続き、安井小の子どもが自分の生活をありのまま書き、読み合うことを通して、人として互いに成長していった過程を紹介します。紹介することによって、子どもが安心して通える学級、学校づくりの必要性をうったえたいと思います。

1 えらい悪さやけど　かわいいわ！

①大志の人生を変えた作文「ひよことうずら」

初刊『こころの作文』1章や、本書のプロローグでも出てきた大志。彼が4年生のとき書いた作文「ひよことうずら」をどう読むかが、生活綴方の教師の中で話題になりました。大志自らも、プロローグで書いた「堺平和のための戦争展」の参加者の多くが、大志のことを「ひよことうずら」で知っていることに驚いていました。そのことがすごくうれしいとも言っていました。

「ひよことうずら」が、大志のその後の人生、特に小学校時代にどのように影響を与えることになったのか、もう一度ここで、詳しく書くことにします。

大志との出会い

大志は、3年生のとき、安井小学校に転校してきました。

ちょうど私が２００４年に安井小学校に赴任した年です。私が担任した４年生36名の中にいました。

安井小学校は、この当時、８クラス約２１０人の小規模校でした。

４年生の４月にこの子らを受け持ったときは、驚きと我慢の毎日でした。２週間、毎日続いたくつ隠し。友だちとの揉めごとから泣く子、キレる子。その子どもらとは無関係に、平気に授業に遅れてきては自分勝手に好きなことをしている数人の男の子。「怒ってはいけない」「まずは子ども理解から」。そう思い、とにかく子どもが心を開いてくれるまで待つことにしました。

悩み続けながら１か月が経った連休明け。とにかく自由で、書きたいことも書く量もすべて子どもに任せて、自由に作文を書いてもらうことにしました。

そのとき、かばんを学校に一度も持ってきたことがないジュキヤが言いました。ジュキヤの家庭環境はとても厳しく、入学するまで施設に預けられていました。

「先生、ほんとうに何を書いてもええんやな。ちょっとでもええんやな。**あとでケチをつけへんな**」

「ほんとうだよ。書きたいことを自由に書いたらいいよ。題も量もすきなようにしたらいいよ」

すると大志が「**よっしゃ。そしたら書くわ**」と言いました。

何人かは整った字で書いていましたが、字が読みづらかったり、読み取り難い書き方をする子が大勢いました。でも、全員が書ききりました。

その晩、サークル「堺国語教育の会」に持参し、会のみなさんに担任している子どもたち全員の作文を読んでもらいました。

その中から元小学校教師の野名龍二（大阪綴り方の会）は、ジュキヤと大志の作文を選び、会のみなさんの前で読み、「えらい悪さやけど、かわいいわ！」と、言いました。

かわいそうな犬 　4年　ジュキヤ

かずのところに犬のし体があった。たおれていて、かわいそうだった。首を切られていた。だれが切ったんだろう。どろぼうが切ったらしいとかずがいっていた。ぼくは、犬がだいすきなので、はらがたった。

ひよことうずら 　4年　大志

ぼくのひよこは、堺祭りでつったひよこです。まやとぼくがつったひよこが死んだのです。つぎの日、公園にうめてきたのです。それから、つばめのすがほしいと思ったのです。

やんちゃな子どもたちにあれだけ困り果てていた自分の子どもの見方が変わりました。大志を含め、彼らが文を通して訴えているものを受けとめ、大事に育てていこうと思いました。そうすることが、子どもが安心して通うことのできる学級そして学校づくりにつながると思ったからです。

ここで、大志が小学校に入学してきて初めて自分の思いを文で表した「ひよことうずら」を、私たちがどう読んでいったのかについて、詳しく紹介します。そのことが、文に込めた思いを受けとめてもらえたという大志の喜びが学習意欲につながるだけでなく、母に嬉しさまで与えることができた理由を考えるヒントになると思うからです。

野名先生が、２００９年８月11日の大阪国語科授業・実践研究会で「綴方・作文教育の意味と今日の課題」のテーマで講演された折、自ら先ほどの２つの作文をどう読んだか話されました。資料から引用します。

〔自己の解放〕

……首のない犬の死体の話に、その首が別の所にすてられていた話です。不気味な気分とともに先が思いやられました。平仮名も漢字もやっと読めるようなものです。しかし、例えば、大志君です。字面もありましたが、いかにもやんちゃで悪さです。それだからかどうか、かわいいのです。かれの文章からそれが読み取れました。

例えば
……つったひよこです。

……しんだのです。

……うめてきたのです。

……ほしいと思ったのです。

4文の文末は堂々としています。彼のプライドが書かせているのです。人に疎んじられてはいても、彼にもプライドがあります。それが、いじらしくかわいいのです。勝村さんに「えらい悪さやけどかわいい」と言ったものでした。


私はこの講演を聞くまで、大志が私に何か言いたいことがあり、「つばめのすがほしいと思ったのです。」と書いたと思っていました。固く閉ざしてきた心を書くことで開いたと思っていました。ところが野名先生の読みはもっと深いものでした。文末を無意識に敬体で書いた大志の書き方に人としてのプライドを感じられた読みに感動しました。4月から大志を中心にやんちゃな男の子たちの振る舞いに手を焼いてきた私でしたが、この読みがあれば子どもたちを救っていけると思いました。

このあと、4年生のときに私がどのように関わっていったかは、『こころの作文』で、共著者の宮崎亮が書いた「1章　安井小こころの作文　4はじまりの学年　おまえらを離さんぞ」

（32頁）を読んでもらえればおわかりいただけると思います。

次に、大志を中心に、やんちゃな子どもたちが6年生になってから卒業するまでを書くことにします。

②大志6年生になって

5年生で、大志のクラスの担任を外れました。当時安井小学校では5、6年生は持ち上がりが原則だったので、私がそのまま持ち上がると、3年間担任をすることになるからです。大志たちは6年生になりました。私は、当時の木浦憲一校長から、長く続けてきたクラス担任ではなく、教務主任と少人数指導および6年生の副担任を任されました。

大志を含めクラスのみんなが高学年になり、難しい時期に入ってきていました。大志は、学年が上がるにしたがって学習への理解に難ができてきました。そこから自信を失い、教室で何か理解しにくいことや不合理だと思うことが起こると、騒いで友だちや先生と衝突することが目立ってきました。当然のように、クラスの親から学校への抗議の連絡が増えました。大志の学校に来られない日が続きました。

6年に進級したのをきっかけに、学校に登校するようになりましたが、不登校の間に人間不信となり、すっかり心が荒んでいました。そんな大志に私は胸が痛みました。そして、大志と痛みがわかり合えるジュキヤと数人の仲間が加わり、大志をリーダーにして、荒れた行動が目立つようになってきていました。

そこで、もう一度文を綴ることを通して、子どもを理解しよう、文を通して見えてくるその子なりの課題を自ら克服していけるように励ましていこうと、安井小が初任校だった担任の出水功先生と話し合いました。

そして、彼らの指導を受けもつにあたり、木浦校長に頼んだことがありました。

「教務主任と少人数指導だけでなく、六年生の副担任も引き受けるので、木浦校長は、あの子たちにとって、おじいちゃんでいてください。わたしは、お父さんになります」

安井小の「お父さん」になるために、全クラスの作文指導を担当させてほしいと願い出ました。木浦校長は、快く了解してくれました。

〈1学期のことです〉

私の教務主任として最初の大きな仕事は、修学旅行の付き添いでした。この子たちの担任をした4年生のときから1年のブランクがありましたので、不安がありました。でも、無事にこのクラスらしい思い出をいっぱいつくって帰ってくることができました。

修学旅行のあと、大志が久しぶりに思いのこもった作文を書きました。

水族館　6年　大志

お父さんとお母さんにサソリとワニのガラスの置物をプレゼントに買いました。アザラシのショーを見ました。いろんなことができてすごかったです。たとえば、ボールをはなで受けてゴールに入れました。すごかったです。

夜の買い物で、じゅきやとぼくで木刀を買いました。その木刀は記念にかざってある。

修学旅行のおみやげにお父さんとお母さんにサソリとワニのガラスの置物をプレゼントに買っています。なんともかわいい文です。そして大志らしいところは、修学旅行の思い出として「相応しい」おみやげを買うように先生から言われていたにもかかわらず、わざわざ「木刀」を仲の良かったジュキヤと買い、記念として飾ってある。と、書いているところです。

〈2学期のことです〉

大志は窮屈な学校のきまりにあえて挑戦している、ととれる行動が目立ってきました。ピアス事件もそのひとつでした。お母さんが許してくれたということでおじさんに大きなピアスをつけてもらい登校してきました。仕方がないので、危険なときだけ外すという約束のもと校内で黙認してもらいました。演技の練習では約束を守り、ピアスを外して、一日に一時間は練習に参加しました。

しかし、教職員にとっては悩ましいことがおきました。大志が希望して放送係になったのです。

大志のピアスが目立つこと、彼が真面目に演技種目の紹介をできるかどうかで、職員間で話し合いになりました。意見は分かれたものの、木浦校長が、話し合いになった事実を大志に伝え、心配なところを大志との約束のもと、がんばるのであれば励ましていくことになりました。

体育大会の日、大志は朝早くから目立たない程度のピアスを付け、とてもいい顔で登校してきました。大志が放送しやすいようにと、お母さんが前の日の晩に放送係の原稿をわかりやすく書き写してくれた紙を持っていました。大志はうれしそうにポケットから出して、「勝村、一回も練習したことがないから、今からさせて!」と言ったのです。その言葉でなぜ早く登校してきたのかわかりました。大志のこういうところが、かわいいところです。大志は、体育大会の全種目を全力でがんばり、放送係の仕事も精いっぱいがんばりました。

そして作文を書きました。

ＫＩ一（団体競技「騎馬戦」のプログラム名）　6年　大志

ＫＩ一で一回ひがくんがとられたけど、最後にとりかえせてよかった。放送で最初は、きんちょうした。けれどあとから、なれてよかったです。放送できてよかったです。
ジュキヤのおねえちゃんのせいでどっかのおっちゃんにたたかれむかついて、言ったらすぐにぎゃくぎれされ、じゅきやのおねいちゃんにも言ったら、またぎゃくぎれされた。

「けれどあとから、なれてよかったです。放送できてよかったです。」と、文末が「〜です。」になっています。自分を支えてくれた人、自分のがんばりを支えてくれた人への感謝の気持ちがあるから書けたのです。

２段落目は、体育大会の終わりの片づけのとき、大志なりにしっかりがんばっていたのに、そのがんばりが地域の人までは届かず悔しかったことを書いています。このときも悔しさをぐっとこらえ、手を出しませんでした。文に書くことで、悔しさをみんなにわかってほしかったのです。

あれだけ荒んでいた大志の心を穏やかにすることは、そう簡単なことではありませんでした。特に気に入らない先生への反抗には手を焼きました。あの子たちの反抗の奥には、自分たちのことをきまりや注意などによる教育ではなく、自分たちの内側からの成長に期待した教育をしてほしいという願いを感じました。その願いを周りの人に理解してもらえることができないか。共に悩みながらの日々が続きました。

音楽専科の先生とトラブル

ある日、教師になって2年目の音楽専科の先生が、授業の途中で、泣きながら職員室に帰ってきました。「どうしたのですか」と聞くと、担任の先生のところに行って、

「私ひとりでこのクラスの音楽をする自信がないので、授業をする雰囲気にしてほしい」

と、訴えました。そこで私が、

「わかりました。すぐ見に行きますので、先生は教室にもどって授業を続けてもらえますか」

と伝えました。

行ってみて、訳がわかりました。大志が、泣きながら「こっち向けや」と言い、先生に丸めた紙をぶつけています。

先生は、大志たちのほうを見ないで授業を続けています。辛くなり、大志たちを呼んで、隣の教室で理由を聞きました。

「おれら、あの曲は、吹かれへんねん(*リコーダー)。難しすぎて。だからといってカスタネットもいやや。それにおもしろくない。歌も」

「わかった。どんな曲やったら、歌って、吹く練習をがんばれるんや」

いろいろ話をしながら、

「『涙そうそう』が、いい。あの曲やったら、歌も知っているし、笛も吹きたい」

「わかった。そしたら、そのことを音楽の先生に言ってあげるから。あんなやり方は、やめ

ないとあかん、先生辛いわ」

そのことを専科の先生に話しました。先生も了解してくれ、楽譜も用意してくれたのですが、あまりにも吹けないので、みんなと合奏ができるようになるところまで、私と大志らで、グループ練習をすることになりました。私は、沖縄の楽器三線を下手ながらも弾きました。

そのようにして音楽専科の先生もがんばって授業にのぞんでくれるようになりました。簡単なことではありませんでしたが、音楽専科の先生は、卒業式の歌の練習で、私たちの応援なしにあの子たちをりっぱに歌わせて卒業させせました。

11月末に6年生のクラスを2分割して国語の研究授業「雪わたり」（宮沢賢治作）をおこないました。近隣の小学校2校、中学校1校の教職員が参加しました。

当日の朝、大志が体育館で遊んでいて、足を捻挫し、筋を強く痛め、病院でギブスをしてもらいました。昼からの授業は、無理して受けなくてもいい、と医者から言われたにも関わらず、車椅子で参加しました。大志は少しふざけながらも、本を読み、思ったことをしっかり発表しました。その発言はその時間の授業の主題にふれたすばらしい発言でした。

大志といっしょに視写したところの文を紹介します。

「雪わたり」は、「雪がすっかりこおった」ときだけ人間の子ども四郎とかん子、そしてきつねの子どもが心を通わすことのできる物語です。その橋渡しをした小ぎつね紺三郎が、お別れのあいさつをした場面を読みました。

「みなさん。今晩のげんとうはこれでおしまいです。今夜みなさんは深く心に留めなければならないことがあります。それはきつねのこしらえたものを、かしこい少しもよわない人間のお子さんが食べてくだすったということです。そこでみなさんはこれからも、大人になってもうそをつかず人をそねまず、私どもきつねの今までの悪い評判をすっかりなくしてしまうだろうと思います。閉会の辞です。」

　きつねの生徒はみんな感動して両手を上げたりワーッと立ち上がりました。そしてきらきらなみだをこぼしました。


ここの文を写し、大志が手を挙げ発言しました。

「おれは、きつねの兄貴がしゃべったところより、その話を聞いて生徒のきつねがきらきらなみだをながしたところのほうが、いいと思った」

「どうしてそこが良いと思ったの？　大志、言える？」

大志は、しばらく考えて言いました。

「生徒のきつねのことを信じてくれているから」

私は、そのとき大志の言った発言の真意がわからず、みんなに広げることができませんでした。私の指導のまずさがありましたが、参加者のみなさんからは、文を読み、思ったことは何でも言えるあったかい雰囲気の中での授業で良かったよ。と、言われました。

〈3学期になりました〉

よくある話といえばそうなのですが、携帯電話で女子どうしが揉める問題が起こりました。片方の女子の言い分しか聞いていなかった大志は、正義感の強さから、もう一方の女子のお母さんへの不信感を拭い去れず、その後そのお母さんが学校へ来たときには自転車を傷つけたり、きびしい口調で罵声を浴びせたりするなどして、行動が悪化していきました。

揺れ動くクラスの中で、大志と私との心のずれは修復できず、いろいろな行事を迎えることになりました。当然、大志の暴力行為を止めようとした担任、出水先生と私は生傷が絶えない日が続きました。

大志とジュキヤが2人になると、体育館の裏や非常階段で、家から持ってきたスケボーで遊んだり、他校の友だちと携帯電話でおしゃべりをする日が出てきました。学校のきまりに書いてないという彼らなりの理由がありました。飽きてくると低学年の教室へ入っていって、知っている子どもと話し出すようになってきました。

そこで、教職員間で話し合いをして、3つのことを確認しました。

1つ目は、しばらくの間、2人が揃った時点で、私が付き添い、あの子たちと相談をして、あの子たちに合ったカリキュラムをつくって学習することでした。

例えば2人とも国語が好きだったので、図書室で好きな物語の本を選ばせ、私が主に読み、読み終わった後、感想を述べあいました。また物をつくることも好きだったので、図工科の柴原先生が、図工室で工作を作成させたり、柴原先生が得意にされている裁縫技術で小物づくりをさせてくれたりしました。

2つ目に、低学年の教室に入ってきたときは、勉強の手伝いをさせてもらうなどして、学校として受け入れていくことでした。

3つ目は、意見が分かれて話し合いが必要でしたが、最終的には、学校長判断になった内容です。それは、2人が、1年間続けてきた放送委員会の仕事、特に学校放送を最後まで任せるかどうかという点でした。

2人が選んで流す曲は、今までの校内で流してきた曲とは、まったく違っていました。ラップ調の曲もそのひとつですが、2人の会話をそのまま流したときは、さすがにまいりました。いろいろ意見が出ましたが、木浦校長が、

「この子たちが、今日の会議の内容を聞いて、それでも続けたいというならやらせましょう。ただし、今出た意見の中で心配な面は、この子たちと約束事として決めて指導してやっていってほしい。それでも破ったときは、またみんなで考えていきましょう」

その後、放送室でいろいろなことはありましたが、少しずつ心配な面は改善されていき、その日のトップ記事について、自分たちでコメントを入れて流すまでになりました。私はあの子

たちのおかげで、苦手にしていた放送機器の使い方が少し上達しました。

安井小学校創立七十周年記念を迎えて

安井小学校創立七十周年記念式の日のことです。教育長や地域の会長さん、隣接校の学校長・園長さん、たくさんの保護者のみなさんが出席されました。日頃から遅刻がちの大志らが来ないうちに、式が始まりました。さあ、いよいよ第2部の6年生の合奏の時間になりました。驚いたことに彼らが、式場に入ってきたのです。担任とあわてました。いつもの派手な服装です。竜の柄入りのジャンバー、寝巻きと兼用のジャージ、スリッパなどです。着替えをさせている時間はありません。

教頭先生が慌てました。「勝村先生なんとかして」「そんなこと今できませんよ」。マイクの傍での押し問答を聞いていた木浦校長が、

「構わない、あの子たちが発表に来たんだったら、させましょう。ところで勝村先生、あの子たち、楽器の演奏の練習はしているんですか。もし一回もしていなかったら恥をかくかもしれませんよ。それとスリッパだけなんとかできないかな」。

6年生出席者全員が、練習通りの発表をしました。彼らをよく知っている地域の方からは「よくがんばった！」と褒めてもらえましたが、今回始めて彼らの様子を知った保護者の方からは、やはり「学校が心配や」という声が出ました。

いろいろありましたが、何よりもうれしかったのは、木浦校長の英断です。終わった後、学校長に礼を言うと、

「あれでいいやないか。日曜日でも、遅れてでも学校に来たこと。服装は私もちょっとびっくりしたけど、くつのことは言うことを聞いてくれたやないか。発表はもうひとつやったけど、自分たちの意志で、みんなといっしょにしようとしていたやないか。一部の地域の方はいろいろ言うてたけど、あれでよい。あそこまでが、今のわれわれの取り組みの到達点や。教育長にもそのままの安井を見てもらえたのでそれでいいんや！」

私は涙をこらえるのが、やっとでした。

卒業式を迎えて

私の長い教師生活の中で、こんなに注意をしなくて、穏やかに子どもたちと練習できたのは初めての経験でした。

担任と子どもでお別れの言葉をつくり、歌う曲も、音楽の先生がいくつか用意した中から、自分たちで決めました。必要な練習時間も、自分たちで決めました。教師は少しでもよくなったところを褒め、励ましていくだけです。卒業証書授与も、一通りの基本の形は教えるけれど、少しぐらい行儀が悪くても、気持ちがあればそれでよいのです。その指導を式の練習に関わった先生方がみんな心がけました。

私は、式の2週間前に行った最後の学習発表会で、友だちとのトラブルから、学校に登校してこない大志のことが、気になっていました。

卒業式当日の朝、5時頃起きると私の携帯に着信の点滅が出ていました。開けてみると夜中の2時に大志の声で

「オカンが、倒れたから、先生すぐ来てや！」

大志が、学ラン服で式に出るというので数日前からお母さんと揉めていたのを知っていましたので、大志の家へ駆けつけました。家族のみんなは寝ていたのですが、大志だけがジャージ姿で玄関まで出てきました。

「先生ほんまに来たん！」

「そしたらお母さんが倒れたというのはうそか？　まあいいわ。お母さんが倒れてなかったらそれでいいわ、それで式のほうは、どうするんや」

「今から行くから、先生学校までいっしょに行ってや」

「学ランは着ていかないんか？」

「着ていかない。だからこのまま連れて行ってや」

「お母さんに行ってくると言わないでもいいんか」

「かめへん、どうせ今日の式には、しんどいから出えへんと言っていたから」

気になりながらも2人で学校へ向かいました。

「先生悪いけど、体育館に、はやく行って、授与の仕方だけ教えてや！」

車の中から担任の出水先生と木浦校長にそのことを連絡して学校へ向かいました。服装のほうは、前日に6着ほど卒業生から譲ってもらっていたのを用意してありましたので、大志はそれを着て、式場に行きました。まもなく学校長が駆けつけてくれ、3人で予行練習をしました。

式は、この子たちらしい、少し行儀の悪い、けれども明るくさわやかな卒業式でした。

特に胸を打ったのは、大志と仲の良かったジュキヤのお母さんが遅れながらも式に参加してくれたことでした。ジュキヤはとても喜び、少しはしゃぎ気味でしたが、授与のときも元気な声でうれしそうに返事をし、お別れの言葉も今までで一番大きな声で言いました。

巣立ち（卒業生が教職員や保護者に見守られながら校舎を後にするセレモニー）も終わり、職員室であいさつをしているときです。

「勝村、家まで送ってや、職員室の前で待ってるで！」

大志の声です。職員室中、泣きながら大笑い！　そんな中で式が終わりました。

大志は、卒業文集に小学校時代の思い出として「ひよことうずら」を書き、安井小学校を巣立っていきました。

2 こんな卒業文集初めて読んだ　ヤバい！

大志たちが卒業した後の安井小の子どもたちについて書きます。2013年12月下旬、6年1組担任の稲舘義信先生が、卒業文集の下書きを読んでいました。そのとき、ある男の子が書いた文章を私に見せに来ました。「こんな卒業文集初めて読んだ、ヤバい！」と、涙を浮かべながら言いました。

『こころの作文』2章の、マナトの文章でした。

自分の好きな英会話　6年　マナト

自分が、英会話が好きな理由は、母の影響です。

母が、よく海外旅行をして、帰ってきたら、よく話をしてくれました。その思い出の一つに海外のお土産やいろいろ持って帰ってきて見せてもらったことがあったからです。今もずっと家にあって、一番うれしかったのは、カナダで買ってきてくれたもみじのしおりです。

自分が小さかったころなので、どうやってもらったか、英語でどのように話されたか、ぜんぜん覚えていません。でも、もらったときのうれしさは、一生忘れないと思います。だから自分も、海外旅行をしたいなと、思いました。いつかは、海外へ行って、外国の人と、いろいろな話をして、多くの友だちをつくりたいです。早く大学くらいにいきたいと思います。高等学校にいくぐらいまで、英会話を続けたいと思っています。

自分の感想は、この文を書いて、すごく母の影響が出たと思います。

三年のときは、母・妹・祖父母といっしょに行きたいなと思っていましたが、その願いはかなわず、母は帰らぬ人と、なってしまい、将来は、一人で行くか、妹の病気が治って、自分と二人で行きたいなと思っています。自分は、妹といっしょにアメリカとか、いろいろな国に行きたいです。理由は、母が、いろいろな国に行ったので、母に負けないぐらいいろいろな国にいきたいからです。早く妹の病気が治るように願っています。早くいっしょに外国にいきたいと思います。

文末「早く妹の病気が治るように願っています。早くいっしょに外国にいきたいと思います。」と、書いています。生まれたときから重い病気を抱えた娘と兄のマナトを残し、失いたくなかった命を落とした母への思いの強さが伝わってきます。母に代わって、僕が、早く大学に進学し、しっかり英会話を勉強して、英会話ができるようになったら、妹を連れて、お母さんの好きだった外国に行くから、お母さん、安心して！と、読める作文です。稲舘先生が、涙浮かべながら「ヤバい！」と言った気持ちがよくわかりました。

マナトの文章を読み、他の卒業生が、どんな文章を書いて卒業文集に載せるか、気になり読ませてもらいました。安井小学校で作文担当として、マナトを含めこの卒業生全員が、入学してから卒業するまで毎月一回書いてくる自由作文をすべて読んできていたからです。

次は、4年生の初めに、マナトの口から母が亡くなったことを聞いて書いた「おとうさんの家にいった」（『こころの作文』第2章）という作文を書いたアヤカの文章です。

友だちと自分　　6年　アヤカ

私は、2年の時おもしろいこともあったし、悪いこともありました。おもしろいことは、砂糖づかみをしたことです。手に砂糖がいっぱいつきました。

悪いことは、遠足の時、ライターを持っていって、校長室に行っておこられて、〇〇のせいにしました。親に電話をされました。でもおこられませんでした。

四年の担任の先生は、本田先生です。四年の時は、宿題をやらなかったりしたら漢字をしなければならなかったです。でも、楽しかったです。

六年の時も、おもしろいことも悪いこともありました。

おもしろいことは、修学旅行です。まず楽しかったことは、夜の買い物とスペイン村です。

夜の買い物は、みんなと買い物ができ、とても楽しかったです。スペイン村は、班の子とピレネーに乗りました。楽しかったけどこわかったです。

悪いことは、火遊びです。してはいけないことを、十人ぐらいの人がしていました。私はしていないけど、見てたから私も会議室に行って、おこられました。最初に、注意していたらなあ～と心に残っています。

私が、一番楽しくて、嬉しいことは、秋季大会です。それは、サッカーの大会があるからです。

五年の時、サッカーのクラブじゃないのに休み時間にサッカーをしていたら、勝村先生に入れてもらってすごく嬉しかったし、楽しかったからです。


今までたくさんの卒業文集を書かせ、読んできた私には、悪いことをした中身までリアルに書き、書くだけではなく、何に反省したかまで自分の気持ちを正直に書いてきた文章を読むのは、初めてのことでした。

題に注目してください。「友だちと自分」になっています。悪いことをしたことまで思い出として書けたのは、心許せる友だちができたからこの題にしたと思います。6年生のとき、自分がしたことではないが、火遊びを注意できなかった自分を責めています。友だちへの思いがなければ反省できません。2年生のとき、自分が持ってきたライターを友だちのせいにしたアヤカから友だちのことを思い反省できたアヤカに人として大切な心の成長を感じることができました。

成長できたのは、4年生で書いた作文「おとうさんの家にいった」もそうでしたが、アヤカは1年生で入学したときから自分の心に思ったこと、感じたことを自分の心に偽りなく正直に書いてくる子だったからです。そして、読むことによってアヤカのまっすぐな気持ちに共感してきた友だちや先生がいたからです。

また、アヤカのように心の成長を感じられる文章を書いてきた子どもがいました。ヒロトです。

思い出と将来の夢

6年　ヒロト

僕は、いろんなことをしてきました。でも、その分思い出がいっぱい残りました。

一年の入学式、僕は、すごく緊張しました。いろんな物が大きく見えました。でも、ここに毎日通うんだと思ったらワクワクしました。

二年時、一学年上になり、新しい一年が入ってきました。その時一つ下の子ができて、なぜかうれしかったです。

そして三年、四年となるごとに学校がおもしろくなくなり、悪いことをするようになりました。その分、勝村先生とその時の担任の先生におこられました。でもそのおこられた回数だけ成長しました。

そして五年、高学年になっていろんなことがしたくなりました。でも、その度におこられました。でも楽しかったです。

そして六年になって、卒業を迎えることになりました。今ふりかえって一番楽しかったのが、六年の時です。

卒業して中学に行っても、がんばりたいと思います。

僕は、将来何をしているか分かりません。でも中学に入ってサッカー部に入りたいと思います。そしてそこでもっとサッカーがうまくなって、サッカーを仕事にしたいです。

この六年間すごく楽しい学校生活でした。

3、4年生では「おこられた回数だけ成長しました。」と、うまい書き方です。「そして5年、高学年になっていろんなことがしたくなりました。でも、その度におこられました。でも楽しかったです。」悪いことも含め、思いっきり自分のしたいことをしてきた小学校生活だったことが感じられる文章です。

生きていくことを励ます

次は、教師の「生きていくことへの感受性」が求められる作文と、その作文を深く読むことからその子どもへの関わり方を考えることの大切さについて書きます。

マナト、アヤカと同じクラスだったマリンが、2011年5月、4年生のときに書いた作文を紹介します。

アセテの家に行った　　4年　マリン

今日は、アセテの家に行くのです。私のいとこです。アセテは、はたちです。夫がいます。でも、アセテは、やさしくて、かわいいです。アセテは、にんしんしているのです。女の子です。アセテが、赤ちゃんをうんで、赤ちゃんのえがおを見たいです。アセテは、このまえの夏休みのときに川に行ったのです。あのときは、まだおぼえています。でも、赤ちゃんが、うまれるのは、あと二ヶ月です。そして、次の日学校がおわって、家にかえって、アセテとアセテのお母さんがきて、お母さんが、仕事で、アセテが、おべんとうを買ってくれました。私が、「ありがとう。」って言いました。お母さんは、仕事で、お母さんが、帰ってくるのは、夜の一時に帰ってくるのです。

私は、マナト・アヤカと同様にマリンが在学していた6年間、全学年の作文指導を担当していました。したがって、マリンの作文は、1年生で入学してからすべて読んでいました。マリンは、フィリピンから出稼ぎにきたお母さんと2人の姉と暮らしていました。この作文から生活に厳しさがあることはおわかりいただけると思います。私は、1年の頃から、言葉使いや行動が幼く、同年齢の友だちと仲良く遊べないマリンのことが気になっていました。また、お母さんの帰宅が遅いので、朝もいっしょに寝ていることがよくあり、3年生まで欠席が多い子でした。でもそのマリンが自分の生活の一面をこのようにはっきり書けたことに、マナトと同様、マリンのこころの成長を感じました。

マリンが5年生のとき、こんなことがありました。1時間目終了しても登校して来ないマリンのことが気になり、担任からの要請もあり、自宅を訪問しました。欠席が多くなり、気になっていたからです。自宅をとっくに出ていたことがわかりました。どこにいるか、心当たりがありました。近くのスーパーのゲーム機の横のテーブルの椅子に私服で座っていました。家から持参したゲームをしていました。

「どうしたん。何か辛いことがあったんやな。学校もあまり行きたくないんやな」

「お母さんが、言うことを聞かないからと言って、すごい怒り方するねん」

「そうか。辛いな。学校もあまり行きたくないんやな。でも、クラスのアイラさんは、待っているで」

「うん。わかってる。でもあまり行きたくない、先生どうしよう」

「わかった。学校には行かないといけないと思うけど、どうしても行く気がしないんやな。こうしよう。今日みたいなことがあったら、みんな心配するから、学校に来れないときは、自分から連絡する。それでどうや。先生たちそれやったら、心配しないから」

「そうする」やっと、マリンの顔がほころびました。

学校の対応が、彼女を追いつめていたのです。子どもが学校に来れないとき、それなりの訳があるのです。その訳を聞き、その子のこころの重みを少しでも軽くする声かけが大切だと思いました。

それから欠席は減り、休むときは、学校に連絡がありました。

マリンが6年生になりました。担任は転任されてきた稲舘先生です。修学旅行の下見のとき、気になる子の話を行き帰り6時間もうなずきながら聞いてくれました。当然、マリンのことも作文を通して話しました。

クラスは、少しにぎやかになりましたが、今までおとなしく目立たなかった子どもが、作文を意欲的に書くようになりました。マリンも少し遅刻はしても、欠席は、ほとんどなくなりました。教室でのマリンに笑顔が増えてきました。3月、卒業間近になって書きました。

おばあちゃんのお見舞い

6年　マリン

二月二十四日日曜日に、お見舞いに行きました。

昼一時半に家を出て、お母さんとお父さんと私でお父さんの車で行きました。

おばあちゃんは、私のことを覚えているか、不安でした。途中で車酔いしたけれど、三十分かかって、やっと病院に着きました。久しぶりに会いました。おばあちゃんは、車イスに座っていました。

「私のこと覚えている？」

と、聞くと、

「だれ？」

と、言ったので、私は、とても悲しかったです。

その後、私は一言もしゃべりませんでした。おばあちゃんのことを思い出に残したかったので、携帯で写真を撮りました。

おばあちゃんには、ずっと長生きしてほしいです。

この作文を書く時、マリンは漢字辞書を片手に書きました。この作文が卒業文集なら、よくあることですが、そうではありません。どうしても認知症がすすむおばあちゃんのことを思い出に残したかったのです。書きながらマリンは、少し涙を流していました。マリンが書いた作文を1年生からすべて読んできた私には、祖母との思い出を文に残したかったマリンの気持ちが痛いほどわかりました。最初は、おばあちゃんが言った通り、「おじょうちゃん、だれ？」と、書いたのですが、おばあちゃんのことを考え、また自分にとっても「おじょうちゃん」と書くことが辛くなり、そのことばを書かなかったのです。私は、「だれ？」とだけ書いたところにマリンの感受性の育ちを見ました。

また同じクラスのナオミも、4年生の12月に書きました。

うれしいこと　　4年　ナオミ

わたしは、十二月五日にタイのおばあちゃんからでんわがありました。おばあちゃんは、

「もうすぐ、たんじょう日のプレゼントがとどくよ。」

って、言っていました。

たんじょう日は、九月で、三ヶ月もたってるけど、おばあちゃんは、わすれずに、プレゼントをかってくれました。うれしいです。それから三十分で、はいたつがきました。それで、たんじょう日プレゼントは、ネックレスと、くつと、あたらしいタイの学校のせいふくです。うれしいです。あと、あたらしいバイオリンです。うれしいです。さっそく、そのバイオリ

ンで、花のワルツを、ひきました。ふるいのより、あたらしいほうが、ひきやすかったとおもいました。そのあとに、ももかとあそんだりしました。だいせん公園にも、いきました。

ナオミは、1年生のとき、タイからお母さんと2人で日本に来て、安井小に転校してきました。

3年生のとき、こんなことがありました。ナオミが、進級して一か月たってもタイに里帰りしたまま日本に帰ってきません。困っていると、連休明けに学校にひょっこり顔を出しました。どうしていたのか聞いてみると、驚きました。

タイのおばあちゃんの家は、お金持ちで、庭にプールもあるということ。でもタイに居られないということ。それは、おじいちゃんとお父さんとの間で何らかのトラブルがあり、おじいちゃんが亡くなったからだということ。それでお母さんとナオミは、タイに居られなくなって、日本に来た、と、いうことでした。

年が明け1月にもこんな作文を書きました。

なくなったおじいちゃん

4年　ナオミ

わたしのおじいちゃんは、わたしの生まれるちょっと前になくなりました。

そして、わたしの6才のたんじょう日に、お母さんが、おじいちゃんのことを話してくれました。おじいちゃんは、病気で、なくなったと聞きました。そして、お母さんは、おじいちゃんの時計や本を見せてくれました。日記も見せてくれました。

わたしは、さっそく読みました。すごくかなしいです。日記は、何さつもありました。わたしは、一ヶ月ごとに、一さつぐらい読みます。

おじいちゃんの写真を見ることによって、かなしくなってきます。また、タイに行った時は、一週間に一回は、おはかに行きます。おじいちゃんの大好物のぶどうももっていきます。そして、おじいちゃんのたんじょう日は、ぶどうとりんごを持っていきます。


おじいちゃんが亡くなった真実をお母さんから聞き、おじいちゃんの日記も読んだのです。私は、ナオミのおばあさんが、タイの学校の制服を誕生日プレゼントとして送ってきたことを思い出し、胸が痛みました。

ナオミは6年生になりました。2月に書きました。

ムダにした五時間半

6年　ナオミ

二月九日にももかとチョコを一緒に作りました。

・・・・・・（中略）・・・・・・・・

それからラッピングして、終わりました。片づけをしました。本当に疲れて、死ぬかと思いました。キッチンはチョコまみれで、エプロンと手はチョコでべっとべとやし、使ったスプーンとかゴムべらについたチョコはもったいないので、無理やりももかに食べさせました。そして、七時まで遊んで、ももかは帰りました。片づけが最高にめんどくさかったです。

二月十四日におおばこで、かりん、ももか、みの、りんか、れいな、あやか、かずはと、じゅんなとめいと私で集まって、チョコをこうかんしました。皆のチョコを見るとレベルが高すぎて、びっくりしました。

じゅんなは、一口ケーキで、れいなはクッキーに見立てた何か、れいなはチョコにエイトマークを書いてて、かりんはチョコとシスコーン？を混ぜたものでした。かずはは、星型のクッキーもありました。

それで、途中から、七海の家に行ってチョコをわたしました。るりとゆなとまなの家にも行きました。ゆなのものが、めっちゃおいしかったです。

でも、ゆきえ以外全員わたしたのに、ゆきえの分と後一つ残って、ももかが二つ残ったので、多分異性にチョコをもらってないであろういなだて先生にわたしにいきました。それから、ももかと途中まで一緒に帰りました。

実は、2学期にメールで揉め、すごい言葉でお互いを非難し合った女子たちです。それが、全員チョコづくりと交換で親交を深めています。こんな心が弾んでいるナオミの文章を読んだことは初めてでした。文末がまたいいです。「多分異性にチョコをもらってないであろういなだて先生にわたしにいきました」。稲舘先生もまた、子どもにとっては何でも言える心許せる友のような存在だったのです。

安井小学校では、子どもが書いた、その子のそのときの文章を、その子だけのものとして大事に育ててきました。

3 はやくこい、たんじょう日！　ハヤト

安井小学校では、２００８年に学校に行き辛くなっていた子どもが17人いましたが、２０１２年には2人に減りました。それは、安井小の教職員が、「学校は、ありのままの自分を出して、いいところなんだよ」ということを、教育活動の根底にしながら、子どもが思うがままに書いてきたものを、そっくりそのまま大事に受けとめ、育ててきたからです。

安井小の文集は、毎月一回、全クラスの子どもが思うがままに書いてきた作文を、自筆のまま（清書せずに）コピーして、クラスごとに全員の分を綴じて配布してきました。そして、月に1回、そこから2、3の作品を選んで、作文を読み深める授業をおこなってきました。

自分が書いた文をみんなに読まれることは、嬉しいものです。その嬉しさが、積極性を生み出します。子どもたちは、しっかり今を大事に生きていこうとします。文の中にその子なりの輝いた言葉が出るようになります。大事なことは、読み手が、その輝いている言葉、文を見逃さないことです。

表現から見えてくる課題。たとえば形の整っていない字があれば、国語の時間にえんぴつの持ち方を正し、一点一画の止め、はねもきちんと書くことを求めてきました。

２００９年、当時4年生のハヤトが6月に書いた作文です。

うんどうかい　　　4年　ハヤト

ぼくがいちばんたのしかったのはやすいザイルです。すごくたのしかったです。もういっかいやりたいです。おひるにおべんとうをたべました。おねいちゃん（＊おばさん）とおばあちゃんといもうととたべました。

（＊やすいザイルとは、団体演技の名称です。）

この作文を書いたハヤトのことを少し紹介したいと思います。

担任は、安井小が初任校の教師になって3年目の柴田邦弘先生です。柴田先生から4年生を受け持ち一番心配な子どもとして相談があったのが、ハヤトでした。1年生から3年生の間は、毎年50日前後欠席があり、4年生になっても毎日のように遅刻が続いているということ。登校してきても目はうつろでクラスの中で存在感が薄く、授業でも意欲が感じられないということでした。ハヤトには、下に弟と妹がいましたが、両親が共働きで父親の帰宅が遅く、母親も仕事に追われ、そのうえ育児を苦手にしているということでした。

まず朝一に登校することから始めようと、毎朝自宅へ迎えに行くことにしました。朝から登校するようになり、ハヤトのことがよくわかるようになってきました。漢字、計算などでは、4年生と思えないほど苦手な部分が多いのですが、社会や理科などに対する興味や知識は豊富で、社会科見学や体験的な活動が好きで、熱心に取り組んでいることがわかってきました。そこで基本的な学力をつけ、自信を持って学校生活が送れるように、1日1時間算数の時間を個別に指導するように学校の体制を整えていきました。

ハヤトが綴った「うんどうかい」の話に戻します。

筆圧の弱いやっと読める字でした。しかし両親とも仕事の都合で来られない中でも「ぼくがいちばんたのしかったのはやすいザイルです。すごくたのしかったです。」と、書けたハヤト。彼の中に、今をしっかり生きようとする、生きる意欲の芽生えを感じました。柴田先生と相談をして、この芽生えをハヤト自身が自覚できるように、またみんなで励ましていくことでみんなも成長できるように、作文を読み合う授業で取り上げることにしました。

授業では、「もういっかいやりたいです。」と書くぐらい、ハヤトが団体演技を一生懸命がんばっていたことへの驚きと共感の声が出ました。

この後少しずつですが、ハヤトが自分から友だちや先生にも声をかけるようになってきました。

またハヤトのがんばりを支えようと、家事などが苦手なお母さんを助けるために、祖母やお母さんの妹さんの協力を得ることができました。おかげで、朝ごはんを毎日食べてくるようになり、放課後には苦手な勉強の復習も家庭で見てくれるようになってきました。そして、ハヤトが9月に書いた作文です。

スパワールドにいって

4年　ハヤト

ぼくは十月にスパワールドにいきます。おねいちゃん（＊おばさんのこと）のともだちといきます。たのしみです。いままでににかいいったことがあります。たのしみにしています。プールもあっておふろもあってすごくたのしいです。とくにすきなのはきょだいばけつが水がたまったら水がおちてくるところです。

楽しいことなんか何もないと言っていたハヤトが、自分から生活の中から楽しみにしていることを見つけ、書くようになってきました。

3学期の2月に書きました。

スパヒルズにいって

4年　ハヤト

このまえクラスの友だちとスパヒルズにいきました。ついてからすぐにたんさん水でつかれをとりました。その後ドクターフィッシュをしました。足のかくしつをたべてくれるさかなです。こそばゆくてできませんでした。おねいちゃんは、ゲラゲラわらいながらがまんしていました。さいごにちょっと休んでかえりました。

初めて、ハヤトの作文にクラスの友だちが出てきたのです。

ハヤトは5年生に進級しました。前期の児童会役員をすることになります。少し不安はありましたが、今のハヤトなら大丈夫だと見守ることにしました。

まだまだ苦手なことが多いようでしたが、周りの子たちも毎日登校し、授業中に精いっぱい発表するハヤトの姿を見て、見る目が変わってきました。ハヤトの好きな体験的な活動や社会科見学を多く取り入れて、ハヤトが登校する楽しみが持てるように、担任の柴田先生も工夫していきました。米づくりでは仲間と助け合いながら田植えや稲刈りを楽しそうにするハヤトの姿が見られるようになってきました。

5月にハヤトが書いた作文です。

ホテル浦島にいったこと　　5年　ハヤト

ぼくは、ホテル浦島におねえちゃんもいきました。まずさいしょにぼくのゆかたをえらびました。そのあとにへやにいきました。和しつでした。そして、そのあとにおふろにいきました。気もちよかったです。そのあとにごはんを食べました。おいしかったです。
つぎの日またおふろにいきました。そのあとにごはんを食べました。おいしかったです。そのあとにたきのゆにいきました。気もちよかったです。そしてふねで帰りました。そのあとに、たいちくじらかんにいきました。おもしろかったです。またいきたいです。そのあとにさきのゆというところにいきました。気もちよかったです。そのあとにラーメンやにいきました。おいしかったです。もういっかいいきたいです。

「気持ちよかった」「おいしい」の連発です。書くことで心も気持ちよくなってきたのでしょう。

5年生の2学期には、国語の音読がうまくなり、ノートもはやく書けるようになってきました。物語文などでは文章を読み、自分の思ったことを話し合う場面で、自分から思いを言えるようになってきました。

10月に書いた作文です。

たんじょう日

5年　ハヤト

ぼくは、十月二十六日が、たんじょう日で、とてもうれしいです。ですが、その日が、体力づくりのさい初の日だからとっても最悪です。

でも楽しみなのは、ケーキとプレゼントです。なにがあるかは、ケーキもなにか、わかりません。プレゼントが楽しみです。早くきてほしいです。すごく楽しみにしています。早くきてほしいです。楽しみです。

はやくこい、たんじょう日！

ハヤトが心の葛藤を書くようになっています。たんじょう日は楽しみだが、その日は自分が苦手にしている体力づくりのさい初の日で最悪と書いているからです。人は、葛藤の苦しさを経験しながら、人として成長していくことができます。また人の葛藤の苦しみもわかるようになります。

ハヤトは6年生になりました。担任が変わっても欠席することなく、しっかり学校に通ってきました。休み時間に友だちと遊び、トラブルがあったときでも、自分のことばで自分の思いを対等に伝え合っている姿を見て、これで大丈夫！　と安心しました。ハヤトは集団の中でしっかり生きています。そして泣いている低学年の子どもにやさしく声をかけているハヤトの姿がありました。

ハヤト、小学校生活最後の作文です。

いもうとのたんじょう日　6年　ハヤト

二月十九日、日曜日にいもうとが四才になりました。その日は、まず、プレゼントを買いにさやまにあるジャスコに行きました。まず、おもちゃを買おうとしていたのですが、さがしていたのが、なかったので、あきらめました。

ぼくが、ごはんのおかずを買って、家に帰りました。

次に、晩ごはんを食べました。おいしかったです。

次に、ケーキを食べました。おいしかったです。

次に、プレゼントをわたしました。

いもうとが、生まれて四年もたっていると思うと、短かったです。

自分が生きていることさえ精いっぱいだったハヤトが、妹の面倒をみるようになってきました。「生命への慈しみ」を感じました。

卒業式では、お父さんとお母さんが、出席してくれました。ハヤトは、お別れの言葉のとき、最初のことば（出だしの部分）をはっきりと力強いことばで言うことができました。ハヤトの安井小学校からの巣立ちです。ハヤトに深く関わった先生方が、みんな涙ぐんでいました。

4 先生　走るのはやかったね

生活綴方は、子どもが自分の生活から感じたことや思ったことをありのまま書くことを大切にします。一見否定的な思いが表現されている言葉や文であっても、その言葉や文の奥にある真意を読みとることができるからです。真意を読みとるためには、子どものことを理解しようとしなければなりません。

保護者に対しても同じです。一見否定的な言動であっても、その言動の奥にある真意を読みとることで、信頼関係を築いていくことができるからです。

「先生　走るのはやかったね」では、２０１３年に、森本奈三子先生が作文指導を通して、子どもと保護者との信頼関係をどのようにして築いていったかを書きます。森本先生にとって、安井小学校は教師になって初めての学校で、このとき2年目でした。

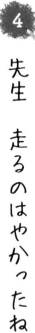

この話で出てくるシュリは、担任の森本先生に初めて自分の素直な気持ちを表した手紙を渡した男の子です（『こころの作文』1章）。どのようにして手紙に書くことができるようになったかを詳しく書くことにします。

私はこの当時教務主任と作文指導、そして初任者担当も兼ねていました。

シュリのことを少し紹介します。シュリは一年生のときから、友だちと仲良くなりたいという気持ちを持ちながら、そのことを素直に表現できないために、相手に誤解されやすい子どもでした。友だちと揉めるとすぐ手が出るか、言葉で相手を威嚇するかになってしまい、自分の気持ちを伝えようとしてもうまくいかず、苦しんでいました。その点では、お母さんもまたよく似たところがあり、相手に気持ちをうまく伝えることを苦手にしているところがありました。そのため、森本先生が担任した当初、シュリがクラスの友だちとトラブルを起こすたびに、シュリの言い分の納得できるところは認めながら、伝え方を改めていこうと指導してきました。その指導のし方、声のかけ方が、なかなかお母さんに理解してもらえず、互いに悩む日が続きました。

何回目かの話し合いの後、森本先生が、私にこんなことを言いました。

「シュリのお母さんは、厳しい言い方を私にすることがよくあるが、最近その厳しい言葉の奥に自分の息子シュリのことを大事に思う、母としての思いの強さを感じます。シュリのお母さんもまた、シュリと同じようにうまく自分の思いを伝えることができないところがかわいい」と。

夏休みを迎える休日に、大変なトラブルが起こります。シュリが同級生の妹を父親の目の前でいじめたのです。怒った友だちの父親が、シュリの家まで出向き、両親の前ですごい叱り方をして、シュリに謝罪させます。

その謝罪のさせ方に納得できなかったシュリのお母さんが、すぐ学校に電話をかけてきました。教頭先生が対応に出かけ、その場は、ひとまず落ち着きます。

ところが9月、新学期になっても、シュリは学校に登校してきません。シュリの両親が、一方的に攻めてシュリの言い分を聞かなかった友だちの父親の叱り方に納得できないところがあったからです。困った担任は、教頭先生と放課後、シュリの家を訪問します。

「お母さんが安心して学校に行かせられない理由はよくわかりました。その点は、相手のお父さんに伝え、気をつけてもらうようにするので、シュリが学校へ行きやすくなるように声をかけてほしい、お願いします」と、伝えます。

その言葉にシュリの両親も納得しました。後日、担任からことの経過の事実を聞いた友だちのお父さんが、行き過ぎた指導を謝罪してくれ、シュリが登校できるように息子にも声をかけることを約束してくれました。

そして、シュリが一週間ぶりに学校に来て、作文を書きました。

つりに行った

4年　シュリ

８月27日につりに行った。楽しかった。朝２時から行った。わかやまに行った。つりのえさを買いに行った。それからつりに行った。朝の５時から魚をつりはじめて楽しかった。イカがたいりょうにつれた。アジをつろうとした。そしたら、いらない魚がつれる。それは、ウリボという魚がつれる。タイがつれました。よかったです。かんぱちが２ひきつれました。アジもつれました。また行きたいな。

お父さんと魚釣りに出かけ、たくさんの魚が釣れた喜びを素直に文に書いています。釣っているところは、無意識にだと思いますが進行形で書いています。「アジをつろうとした。そしたら、いらない魚がつれる。それは、ウリボという魚がつれる。タイがつれました。アジもつれました。」と。文にリアリティーを感じました。

文のいいところについて、担任を通じて本人に伝えました。すると、シュリの本読みの姿勢が変わりました。授業中に手も挙がるようになります。友だちと揉めると、まだ手が出ましたが、加減できるようになり、手数も減ってきました。

ところがクラスの外では、やはり些細なことで、友だちと揉めました。

学校からの帰宅途中にこんなことがありました。相手は、シュリもよく知っている4年生のおとなしい男の子です。夕方、その男の子のお父さんから、学校に電話がありました。

「息子が、泣きながら帰ってきたので、訳を聞くと、シュリに首を絞められたと、よくみると首筋が3か所、みみず腫れになっているので、すぐに帰る途中のシュリくんに声をかけて訳を聞こうとしました。するとごめんなさい！ごめんなさい！と言って、土下座までするので、こちらとしたら、なぜ首を絞めることになってしまったのか、まずその理由を聞きたくて声をかけたのですが、そのことを本人の口から聞くことができなかったのです。そのことも踏まえ、学校のほうで指導してもらえないでしょうか」と、いうことでした。

すぐ4年生の担任が家に出向き、状況を聞きました。

次の日、シュリから訳を聞こうとしますが、なかなかしゃべりません。事実は、認めるのですが、なぜ首を絞めることになってしまったのか、なかなか言えません。そこで私のほうから、

「声をかけたけど、いやな顔をされたから、無視されたと思って、またカッとなって、最初は口で、そして興奮してきて手が出てきて、首を絞めてしまったんじゃないの」

シュリがうなずき、そのときの様子を正直に話し出しました。

そこで、森本先生と今回の出来事の解決方向を話し合いました。

シュリが今回のトラブルについて、首を絞めてしまった理由を自分から言えたこと。最初から理由を言えたわけではなく、私からの助言のあとだけれど、自分で理由を言えたというその成長をみんなで確かめ、シュリにとっても確かなものにするために、今回の件での事実経過を

すべてシュリの両親に伝えた上で、担任と一緒に相手に謝りに行ってほしいことを伝えてはどうかと、いうことになりました。

ところが、シュリのお母さんが、一緒に謝りに行くことを渋りました。シュリの成長のための謝罪であることが、十分に理解されていないようでした。

とりあえず3、4年の担任と私と3人で、謝罪と今回の事の経緯と、今後の指導の方針について話しに行きました。相手方のお父さんは、納得してくれました。

あくる日、シュリが学校に来ません。その日の個人懇談会も欠席です。森本先生は、放課後、シュリの自宅に電話をかけてから訪問しようとしました。でもお母さんは訪問を拒否します。

「あんた私のこと、避けているんと違う。シュリのこともうっとおしいと思ってんと違うん。そうじゃないんやったら、なんで今日シュリが学校に行くことをいやがっていることを教頭に伝えた後、すぐ電話かけてこなかったん」

やはり、今回の件でのシュリの成長を、より確かにするための指導方針の真意が届いていないようでした。ただ、ことばは厳しい一方で、担任の森本先生に自分の思いをそのままぶつけてくるお母さんの姿に、担任への信頼を感じました。

森本先生が、電話を置くと私に涙声で言いました。

「お母さんに私の気持ちが届かない悔しさはありますが、お母さんが言っていることには、わかるところもあるので、シュリのためにがんばります」

私はこのとき「お母さんが言っていることには、わかるところもあるので、シュリのためにがんばります」と、言った森本先生の中に、謙虚さと、辛くても子どものためなら努力する、教師として大切な資質を見ました。

それからは、我慢のいる指導でした。カッとなって、すぐ手が出てしまうシュリの短気さを、シュリ自らが克服していけるように、事が起こる度に、担任はシュリから事情を聴き、事実を確かめ、両者、あるいは周りの友だちが、どのように声をかけたのかを確かめました。人が優しくなるためには、周りが優しくならないといけないという方針を貫きました。

3学期には、隣に座った女子からわからないところを教えてもらうと、素直に聴けるシュリの姿が見られるようになってきました。

お母さんも言われました。

「4年生になって、もしも担任が変わったら、シュリや私の気持ちがわかってもらえるやろか。不安やわ？　森本先生！」

そして、3学期の終業式の日、遅刻しがちだったシュリが、みんなと並んで式に臨んでいました。手には、一通の手紙を持っていました。

一年間ありがとう。いつもめいわくかけてごめんなさい。
ありがとう。四年になってもがんばります。

シュリ、学校とびだしたとき、ついてきてくれてありがとう。
先生走るのはやかったね。一番の思い出です。

シュリより

大志が書いた作文を読んで以来、安井小学校の生活綴方教育の取り組みに深い関心を持たれた野名先生は、この手紙について「シュリ君。捕まえられたかったのです。先生の懐に抱かれたかったのです。離れたくなかったのです。甘えたかったのです。森本先生も、シュリ君にとって生きる支えだったのです」と述べています。

5 安井小に戻ってきたコトネ

文部科学省の調査では、２０１９年度の不登校の小中学生は18万人を超え、過去最多でした。そして20年度は、「コロナ感染への懸念」が理由の場合は欠席扱いしないことも可能としていましたが、調査結果は、19年度を上回ることが予想されています。

今大切なことは、子どもが安心して通える学校づくりにあるのではないでしょうか。

２０１６年11月、安井小卒業生であるハルナが妹のコトネを連れて安井小の職員室にやってきました。ハルナは妊娠中で、お母さんと弟も一緒でした。お母さんが再婚した相手との生活がうまくいかず、安井校区に帰ってきたとのことでした。

「先生。お母さん、もうフラフラやねん。コトネが『安井小学校やったら、学校へ行く』と言ったから、連れてきた。先生、お願い！」

私はこのとき、5年生の担任をしていました。

これから書く「安井小に戻ってきたコトネ」の話は、『こころの作文』3章でもふれましたが、子どもが安心して通える学校づくりとして、ここで詳しく書くことにします。

コトネは、安井小に4年生の1学期まで在籍していました。その後、両親の離婚によりお母さんと大阪市内に転校していった子です。転校先では、なかなかクラスに馴染めずほとんど学校に行きませんでした。

コトネは、ハルナと一緒に職員室へ来た翌日から登校してきました。しかし、教室に入ろうとしても足が進まず、ハルナとお母さんの元に戻ろうとします。目からは涙がこぼれています。その姿を、クラスの子どもたちがじっと見ています。私はコトネの手を握り、「みんな待っているから、安心して教室に入ろう」と言って席に着かせました。

そして、3日後にある安井まつり（文化祭）の準備に入りました。コトネは自分から、店の係もやりたい、劇にも参加したいと言い、劇の練習ではセリフを舞台の上で堂々と言えました。私も、クラスのみんなも驚きました。

次の日、作文を書く時間に、コトネが2年ぶりに作文を書きました。

安井小学校にもどって　　コトネ

11月18日に安井にもどってきました。

さいしょは、きんちょうしたけど、みんなかわってて、びっくりした。

次の日土曜日で、その日は、学校に行きたくて、まだかなって、まっていた。とうとう月曜日がとうとうきて、はじめていのこりをして、みんなで、おにごをしてあそんだ。楽しかった。

次の日も、ほうかごいのこりをして、楽しかったです。

そして、年明けの1月に「先生、どうしても書きたいことがあるから、紙、ちょうだい」と、言って書いたのが、次の作文です。

お姉ちゃんの赤ちゃん

5年　コトネ

1月4日6時2分に赤ちゃんが生まれました。女の子でした。小さかったです。お姉ちゃんにそっくりでした。

9日の月曜日に、お姉ちゃんと赤ちゃんが家に帰ってきました。その時に、聞きました。お姉ちゃんが、赤ちゃんを産んだ後、切れていたのでぬいました。赤ちゃんのなき声が、へんだったらしくて、ママは、しんぱいしていたらしいです。でも、なんにもなくて、安心したらしいです。きのうだっこして、うれしかったけど、かるかったです。

コトネがお姉ちゃんのことを作文に書くようになり、こころを開き、みんなとしっかり学習するようになりました。そして、コトネにも支えてあげないといけない友だちができました。

ユウザブロウです。

アドベンチャーワールド

5年　ユウザブロウ

冬休みにアドベンチャーワールドにいきました。ここは、日本で見ることのできるラクダかのどうぶつが、ぜんぶみれるところです。

きょうは、ヒトコブラクダにエサをあげることができました。
そして、生まれたばかりのアルパカのあかちゃんと、パンダのあかちゃんをみました。
あかちゃんのときも、白とくろいいろのもようのパンダでした。
さいごに、どうぶつのパレードを見ました。パレードでは、ウマ、ラクダ、くろいブタなどのどうぶつがならんであるいていました。かっこよかったです。

学習が遅れがちで、ときどき支援学級で個別学習を続けてきたユウザブロウが、1月に綴った作文です。

支援学級担当の佐藤明美先生は、この作文を授業で取り上げてもらうことは嬉しいのだが、やっとこころを開いたユウザブロウが、みんなにラクダ好きなことを知られて、またこころを閉ざしてしまわないか、とても心配していました。

私は授業で、「ユウザブロウが動物好きなことがわかるところに線を引き、なぜそう思うのか考えるよう」発問しました。クラスの友だちが、最後の「かっこよかったです。」に線を引き、「ウマはかっこいいと思うけど、ブタやラクダは、動物がよほど好きでないとかっこいいとはなかなか思わないから」などの発言が続きました。そのときのユウザブロウの表情は柔らかく、嬉しそうでした。

小さな声ですが、コトネといっしょに、「かっつん（私のこと）の頭薄いなあ」と、言うようになりました。決して褒められた発言ではないのですが、先生に対してクラスのみんなと同じように思ったことを素直に言えるようになっています。

コトネが、苦手にしていた算数までユウザブロウに教えるようになり、共に心を通い合わせながら学習するようになりました。

そして6年生になり、私が続けて担任することになりました。

がんばって作った貯金箱

次の作文は、2017年8月25日、始業式の日に6年生のアイが書いた作文です。アイは、コトネたちと同じクラスです。この作文を、3日後の28日、月曜日1校時目に、クラスのみんなで読み合いました。そのときの授業の様子が、NHKのニュース「ほっと関西」で放映されました。テーマは、国語力でした。2017年度の全国学力調査の結果が公表され、大阪府の結果が全国平均を下回ったため、学校をあげて作文指導に取り組んでいる小学校として紹介されました。

がんばって作った貯金箱　　　　6年　アイ

始業式まで後2日、自由研究消化のため、昼に母が買ってきてくれた材料を使い、午後9

時ごろ、貯金箱作りを始めました。理想は、観葉植物の様な、インテリアになる貯金箱です。最初に木の幹となる部分を作ります。おかしの箱にくしゃくしゃにした茶色の画用紙をまきつけ、幹のでこぼことした所を表現しました。

次に葉の部分を作っていきます。葉の形に曲げたはり金に、緑色の画用紙をはりつけて、よりリアルにするため少し曲げます。

そして、幹部分に葉をバランスよくはりつけていきます。葉と葉の間を空けたり、長さを変えてみたり、いろいろくふうしました。

最後に、うえきばち部分になる木箱に木を入れ、ねんどで固定し、上から砂糖のようなしゃもしゃもした物をふりかけ、完成しました。

作り終わったころには、深夜12時になっていました。残っているのは、達成感とねむさだけで、完成した貯金箱にお金を入れる穴をあけないままねむってしまいました。

次の日、貯金箱を見てみると、ちゃんと穴が空いていました。ただの置物にならずにすんでよかったです。

アイは、2年生のとき、母方の両親が住んでいる安井校区に引っ越してきました。これだけの文章力を持ちながら、クラスの中では目立たない地味な存在で、5年生まで欠席が多く、気になっていた子でした。

この作文を書いたときも家庭が不安定でした。ぜひ励ましたいとの思いから、この日の授業で取り上げることにしました。

題が「がんばって作った貯金箱」だったので、子どもたちに「アイのがんばったところがわかるところに線を引いてください」と伝え、アイに声に出して読んでもらいました。

ある子どもは、「つくり終わったころには、深夜12時になっていました」のところに線を引きました。理由は、9時から始めて12時に終わっているから、3時間でリアルにつくっているから、と。

またある子は、「残っているのは、達成感とねむさだけで、完成した貯金箱にお金を入れる穴をあけないままねむってしまいました。」のところに線を引きました。理由は、12時までかかって、残っているのは、達成感とねむさだけと書いてあるので、どれだけがんばったか、よくわかる。でも、穴をあけてくれたのは、だれやろ、と、言いました。

この発言から、後半は、だれが貯金箱に穴をあけてくれたのだろうか、ということを中心にした話し合いになりました。

ある男の子が言いました。最初に「母が買ってきてくれた貯金箱の材料」とあるから、母が「残っているところもやってあげましょう」みたいな。その発言を受けて私が、「なるほど、母の愛情」と、言いました。

この番組を企画・放映したＮＨＫ大阪報道部記者の人が、この日の授業を観ての感想を後日、私に送ってくれました。その文の一部を紹介したいと思います。

クラスの子供たちの仲のよい様子が伝わってきました。ひとりひとり互いの持ち味や癖をよくわかった上でそれを尊重している雰囲気が漂っていました。みんなが安心して素を出すことのできる、とてもいいクラスだなと思いました。作文教育を重ねる中できっとこの空気がはぐくまれていったんだろうなと想像しておりました。

コトネのがんばり

10月に金岡競技場で、堺市の6年生だけが集う連合運動会がありました。コトネとユウザブロウは100メートル走に出場しました。

私の胸がまず熱くなったのは、本番のこの日に向けてがんばってきた練習です。今まで、外であまり遊んでこなかった2人は、陸上競技で特に走ることが苦手でした。全力で長い距離を走る100メートルをみんなが見ている前で走り切ることができるか、私は心配でした。せっかくここまで、クラスの中で遊びから勉強までしっかりがんばれるようになってきた二人が、苦手な走ることの練習でくじけないか心配だったからです。でも私の心配をよそに2人は、10時間ぐらいあった練習に、1日も休まず参加しました。もちろん2人のがんばりもありましたが、100メートル走に出場する仲間の励ましがあったからです。

当日を迎えました。驚いたことにコトネのお母さんが、姉のハルナといっしょに競技場に応援に来ました。体も心も病んでいるのが一目でわかりました。でもわが娘ががんばる姿を一目でも見たいという、母としての姿をそこに見ました。観覧席でクラスの子どもと他の保護者と共に一生懸命応援しています。見事にコトネは、一位を取って座席に戻ってきました。親子で喜ぶ姿を見て、胸が熱くなりました。そしてコトネが一位をとったことを我がことのように喜んでいる保護者とクラスの子どもの姿を見て、感謝の気持ちでいっぱいになりました。

心も体も病んでいたコトネのお母さんが、卒業式に出席してくれ、こんな嬉しい言葉を残してくれました。

「かっつん（※私のこと）、安井小に帰ってきて良かった。かっつんのクラスの子、ほんとうにコトネに優しくしてくれた。……（涙声で）この前の日曜日も、一緒にＵＳＪに行こうと女の子2、3人が家にコトネを誘いに来てくれた。そのとき、コトネが髪を〇〇ちゃんのように三つ編みにしてほしいと私に言ったんやけど、私、うまく結べなかった。辛くなった。その様子を見ていた女の子たちが、コトネの髪を三つ編みにしてくれて一緒に仲良く出かけていった。そのことが本当に嬉しかった」

また、続けて、こんな話もしてくれました。

「先生、私がどうして入院しているか、知っているやろ。姉のハルナが、私が入院していた病院のところに来て、お母さん、この本『こころの作文』、かっつんが書いた本や。この本、寝ながらでいいから、読んで。コトネが書いた作文載せてくれているから。そう言われたから、がんばって読んだ。かっつんありがとう。涙が止まらなかった。こんな母親、もうあの子たちに母親らしいこと少しもしてやれなかったのに、コトネがそれでも家族への思いを書いてくれている、あの作文を読んでもうそれだけで、嬉しくて、死ぬほど辛かった治療もあの本のおかげで、なんとかがんばって退院することができた。先生、ありがとう！」

母親代わりにがんばったハルナがコトネを支え、コトネの書いた作文が、母親を救ったのです。

子どもは、みんなから自分が必要とされていると自覚できたとき、伸びようとします。優しい人でありたいと思うようになります。

学校あげて生活綴方に取り組む意義は、そこにあると思います。

6 先生、言葉に込められた思いの重さがわかる子どもに育ててください

今、教育現場は、大変です。私が安井小学校に勤めていた15年の間だけでも、「子どもの主体性を大事にした教育」のスローガンのもとに、文部科学省から「総合的な学習の時間」の導入による「ゆとり教育」が始まり、その後に学力が低下したと全国学力・学習状況調査が実施されました。そして学校スタンダードによる学習規律の徹底、今度はグローバル化された経済社会の中で日本が活躍していくためには語学力が大切だと外国語学習の導入とＩＣＴ活用の推進。どれも大切だと、今、時間割は目いっぱいです。そのため、先生方は、次の授業準備に追われ、休み時間に子どもと遊ぶ時間もなくなり、何気ない会話を子どもと交わす心のゆとりもなくなってきています。学校生活にゆとりがなくなってくると、子どものこころの成長が見えにくくなります。

安井小では、子どもがトラブルを起こしたときこそ、教師も子どもも共に人として成長していけるチャンスだととらえ、励まし合ってきました。

私が安井小で最後の学級担任をしたときのことです。４年生のクラスでした。

「先生、言葉に込められた思いの重さがわかる子どもに育ててください」。クラスの中でメールによるいじめ問題が起こり、解決のため関係者で話し合った際、このときは被害者になった子どもの親から出た言葉です。

子どもが安心して、自分のありのままを出すことのできる学級にしていくために、大切な言葉だという思いから、今から書くことにします。

まず２０１８年４月11日に４年生のショウが書いた作文を紹介します。

花見

４年　ショウ

４月１日に花見に行った。おおはま公園で花見をした。おおはま公園の花は、とてもきれいだった。花見をしたところは、いちばんいいところをとれました。ごはん、肉でした。肉を食べおわったら、やまにのぼってひみつきちをつくってあそびました。ひみつきちは、とってもきたなかったのでそうじをしました。１じかんぐらいやってやっときれいになりました。それからたびにでてぶきをつくってみのりとたたかってまけました。さくらはずっとへんなことをやっていました。ぼくは、木にのぼってあそんで木の上にいえをたてようとしたけどつくれませんでした。かえるときにともだちの人がこけて、かおからちがでていました。ひどいけがでした。おおはま公園は、とってもたのしかったです。

この作文を4月の中頃、最初の作文を読み合う授業で取り上げました。私の発問は、「この作文を読んで、心に残ったところはどこですか」でした。

子どもからは「やまにのぼってひみつきちをつくってあそびました。」と、「それからたびにでてぶきをつくってみのりとたたかってまけました。」に集中しました。

「ふだん学校の清掃では、よくサボって、注意されているのに、1時間もかかって基地をきれいにしている」

「その気持ちよくわかる」

「『旅に出て』の書き方がうまい」と、発言が続きました。

1年生のときから学校のきまりを守れなくて、よく注意を受けてきたショウです。そのショウが公園でひみつきちをつくった喜びを正直に文に書きました。ショウは、自分の作文がクラスのみんなの前で読まれ、共感があったことがとても嬉しそうでした。

5月下旬、5年生の教室に遊びに行ったショウが、5年生の友だちとトラブルを起こし、教師になだめられながら自分の教室に帰ってきました。そのとき、私に泣きながら訴えました。

「先生、オレ、隣の教室にいって、けんかして手を出してしまった。自分のクラスでみんなオレのこと、『うっとい』(うっとおしい)と思っていて、遊びに何かいろいろ理由を付けて入れてくれへんねん。だから、5年生の教室の前を通ったとき、楽しそうに消しゴム落としていたから、見ていたら、したくなって、寄せてと、言っただけや」

「クラスのみんな、オレのこと、『うっとい』と思っているんや」

本人の口から出たこの言葉には、大変重く辛いものがありました。でも、この言葉が本人から出たから、ショウに「うっとい」と思わせないで、「うっとい」と思っているところをきちんと伝えることのできるクラス、つまり相手の気持ちを考えて、その子に注意できる優しいクラスづくりの必要を感じました。

お兄ちゃんのさいごの太こ　　3年　モミジ

今日お兄ちゃんさいごの太こだった。

・・・中略・・・

お兄ちゃんはほんとうは1年生からだけどお兄ちゃんは年少のときに、はいったから9年間のった。さいごの日が、雨だったのは、かわいそうだった。

この作文は、モミジが3年生の秋に書いた作文で、『こころの作文』コラム1に載りました。ここで出てくるお兄ちゃんは、この当時私が担任しており、とてもやんちゃでした。でもやる気を出したときは、勉強も運動も力を発揮した子です。モミジもまたこのお兄ちゃんに負けず劣らずの活発な女の子で、思ったことは、すぐ口に出し、行動に移す子でした。

このモミジと先ほど書いたショウが、この4年1組を「お互いを認め、励まし合えるあたたかい学級づくり」にしていくために欠かせない存在になっていきます。

6月の中頃、社会科見学で地域の消防署に行くときにモミジが問題を起こしました。

学校を出発する時間が遅れ、少し急いで行かなければならない社会科見学になりました。行く途中、遅れ気味のアイカを急がそうとして、アイカが一番傷つく言葉をモミジが言いました。

「急げや。アイカ50メートル走何秒や、11秒台か?」

言うだけでなく、後ろから足で突きました。

この言葉に心が傷ついたアイカが、家に帰ってから母親に言いました。アイカの母親は、モミジの乱暴な振る舞いを心配していたこともあり、この件についてモミジの両親とも話をしたいので、学校に呼んでほしいと話がありました。

モミジには、急ごうとした積極面の行動は評価しながら、急がせ方が良くなかったことを伝えました。アイカには、言葉に傷ついた自分の気持ちをお母さんに言えたことは評価しながら、その気持ちを友だちや私に言えなかったことについて話しました。私と子どもとの信頼関係を築くためにも、今回二人がとった行動から、互いの長所と課題を自覚し、成長していけるように、保護者の協力を得ながら解決していきたいと考えました。

モミジの母はこう言いました。

「モミジ、そんなこと言って、したん。モミジやったらそのぐらいのことするわ。でもそんな嫌み言ったん。それはあかん。モミジらしくない。アイカのお母さん苦手やけど、勝村先生も話し合いに入ってくれるんやったら、先生、行くわ」

放課後、話し合いになりました。

アイカの母「モミジさん。みんな急いでいるのに急がなかったアイカも悪いけど、後ろから少し蹴ったことより、おばちゃん、モミジさんが言った言葉が気になるねん。モミジさん、本当にそんなこと言ったん」

モミジ「その通り、言った。ごめんなさい」

アイカの母「モミジさん。おばちゃん、モミジさんの優しさよく知っているよ。『こころの作文』も読んだよ。読んだだけではなく、モミジさんが、運動会の演技の途中で、アイカに見せてくれた優しさも見たよ……」

モミジの母「ごめんなさい。モミジのことをそこまで思ってくれて……」

そう言って、モミジのお母さんは、声を詰まらせて泣かれました。

その姿を見たモミジもまた泣きながらアイカに謝り、アイカもまた涙をためながらうなずきました。

この事件の後、モミジもアイカも変わりました。

モミジは思ったことをすぐ口に出し、行動に移す積極性は変わりません。でも人の思いを受けとめた行動がとれるようになってきました。そしてあれだけ苦手にしていた宿題もやるようになり、字もていねいに書くようになりました。

またアイカも、人の気持ちを考えるあまり、嫌なことがあっても心にしまい込んできた少し内気な面を、克服していくようになりました。自分の思いが相手に届かなかったときは、自分の伝え方が悪いのかと、私にも相談するようになってきました。

10月、ゲーム機のメールによるいじめ問題が起こりました。このときもアイカのお母さんからの連絡でわかりました。スマホや、ネットにつなぐことができる情報機器によるいじめが、大きな社会問題になっています。解決のため、スマホなどの情報機器の使い方について、専門家を呼んで啓発指導する取り組みが広がっています。それはそれとして大切な取り組みだと思います。

でもメールによって、その子のいやなところを一方的に攻め、友だちに共感を求め、相手の心を傷つけるやり方は、自分もまた傷つけているのです。

だれでもいやなところはあります。でも、そのいやなところを伝えるときには、相手に届くような言い方が必要です。相手を思いやるこころと行動が伴わなければなかなか届きません。人としての優しさがいるのです。

この問題で優しさを取り戻して欲しいと願って、アイカのお母さんからの「関係者一同集まってもらって、ことの事実をはっきりさせてほしい」という要望を受け入れることにしました。

まずアイカが受けた、メールによるいじめの内容を、三者で確認しました。

事実確認の際、もしや自分の娘アイカも違う場面で他の人にしているのではないか。そのように思われたアイカのお父さんがこのように言いました。

「先生、言葉に込められた思いの重さが、わかる子どもに育ててください」

この言葉の真意に敏感に反応したのがアイカでした。自分からはっきりと言いました。

「うん。私もした。ごめんなさい」

アイカの口から出た言葉にショックを受けたアイカのお母さんが、語気強くこのように言いました。

「あなたは私が病気の中で、命がけで産んだ子どもだということを教えてあったでしょう。**死ね**、という言葉がどれだけ人の心を傷つける言葉か、だれよりも命の尊さがわかっている子だと思ってきました。そのあなたもまた友だちに、メールで『**死ね**』という言葉を書いたことがあると聞いて、お母さんすごくショックです！　許されない」

母と子の真剣なやりとり聞いて、自分たちがした軽はずみな行動に気づいたアイカの友だちも泣いていました。そして保護者の方も涙をこぼしながら、「アイカちゃん、ごめんなさいね」と、一緒に謝りました。

そして、私が言いました。

「アイカさんのお母さん、あんまり叱らないであげてください。自分から謝ることができたアイカさんを褒めてあげてください。そしてアイカさんの『ごめんなさいね』を聞いて、『ごめんなさい』と、すぐ言えた子どもたちも偉いと思います。大人の私たちでもなかなかこの子たちのような行動がとれません」

アイカが自分の思いをみんなの前で出せるようになった頃、人の気持ちを考えた行動ができるようになってきたのがハルキです。

ハルキは理解力も思考力もあり、とてもいい力を持っているのですが、自分の考えや思いの真意を受けとめてもらえないとき、必要以上に感情的になるという困ったところがありました。そこをハルキ自ら克服していけるように、アイカやショウ、モミジが中心となって、クラスのみんなでハルキの辛い気持ちを理解したうえで注意し、励まし合いができるようになってきました。

ハルキが、9月にやっとクラスのみんなにこころを開き、書いた作文です。

おとうと

4年　ハルキ

9月におとうとが生まれます。おとうとの名前は、きまってないけどおとうとは、けんしろうににています。

この子は、５人きょうだいのすえっ子です。この子が生まれたら手紙をあげます。ママには、手作りのネックレスをあげました。ゆづきは、手作りのブレスネットをあげていました。けどママは、金ぞくアレルギーだから、きれいなみどり色の石で作りました。

ママは、とてもよろこんでくれました。

おとうとは、あと一か月で生まれます。

おとうとが生まれるのが楽しみです。

生まれたら病室には、入っていいので生まれてすぐのおとうとをだっこしてあげます。


「この子は」という書き方で気が付いた人もいると思います。両親とも仕事が忙しく長女だったハルキが、小さい頃から下の３人の妹・弟たちの面倒をよくみてきたのです。この作文を授業で読み合いました。

また、兄のことで両親の揉めごとにこころを痛めてきたリアンも、兄のことを作文で書いてきました。

おにいちゃん

リアン

おにいちゃん、もうすぐくらくなっちゃうよ。おにいちゃん、はやく帰ってきて。まいにち、おかあさんごはんつくってまってるよ。ぼくもまってるよ。おにいちゃんがいないと家がしずかになるからね。おにいちゃんいるとけんかになるし、いやだけど、いなかったらさみしいよ。おかあさんもさみしそう。おにいちゃんが、おるときのおかあさんきげんがいいよ。うれしそうだよ。

だから、はやくかえってきて、いっしょにごはんたべようよ。

お兄ちゃんは、このとき高校生でした。『こころの作文』1章に出てきたシュリのことです。小学校時代からそうでしたが、中学校へ進んでからもやんちゃなシュリの育て方をめぐり、両親は悩んでいました。特にお母さんはよく相談してこられました。

ある朝、リアンが登校してきてから、なんとなく元気がなく、気になったので、それとなく尋ねました。すると、2日前の夜、兄のシュリが、お父さんと大げんかし、まだ家に帰ってきていないことがわかりました。そのこともあり、「おにいちゃん」という題でこの作文を書いたのだと思います。

リアンが、やっと心の痛みを文に書き表すことができるようになってきました。

ハルキの文、そしてリアンの文から、心で思ったことをそのまま書ける心の強さを持てるようになってきた二人の成長を感じました。そして、二人が心開けるような、あたたかいクラスになってきたことを実感することができました。

三学期末、学習発表会がありました。クラス全員で「創作ミュージカル　白雪姫」を発表しました。

そのとき、ハルキが主役の白雪姫を見事に演じきりました。演じる前に、一人ずつ家族の人に感謝のことばを述べる場面がありました。ハルキは、亡くなったおばあちゃんへの思いを語りました。あまりにも心がこもっていたので、ハルキのことをよく知っている何人かの保護者の方は、涙を流されていました。

発表後、参観された保護者が、感想を述べる場面で、ハルキのお母さんが、自ら手を挙げ、クラスのみんなに感謝の気持ちを伝えました。

「わがままですぐ短気を起こすハルキをよくここまで辛抱強く……（涙）支え、付き合ってきてもらったおかげで、今日のハルキの発表があったと思います。ありがとうございました」。

とてもいい雰囲気で発表会を終えることができました。

そして、この子たちが5年生に進級しました。私は、学校の講師を辞め、作文担当の学習支援員として、週一回安井小に通うことになりました。担任が変わっても毎月書く作文指導は続きました。

アイカが5年生になって書きました。

弟がいた

5年　アイカ

わたしには、弟がいました。だけど何年か前におなかの中で亡くなりました。

弟が生まれなかったのは、ママが病気だったからです。ママは、私を産む時も病気でもう死にかけていました。だけどある日、病院の人から手紙がありました。「ママの命とアイカの命どちらをゆうせんしますか。」ママは、まっさきにアイカの命をゆうせんしてくれました。ママは、死ぬかくごでアイカを産みました。だけどママも私も助かりました。だけどやっぱり弟が生まれてこなくてかなしいです。だけど弟の分まで生きたいです。

そのために長生きは、大事だな、と思っています。

アイカが亡くなった弟に寄せる思いを書けたのは、お父さんが言われた「言葉に込められた思いの重さがわかる子ども」に育ったからです。

コラム1

野名龍二が語る「安井小の生活綴方は子どもが人として生きていく支え」

「生活綴方に理屈はいらない。あっても少な目、子どもの話をするのが一番」

「今日の君の話は、起承延々だったけど、子どもの話が前面に出ていてとても良かった」

私が生活綴方の師と仰ぐ野名先生のお宅に伺うたびに、10年以上、貴重な励ましの言葉をいただいてきました。２０１８年６月に他界されるその2年ほど前、首の違和感から治療手術を受けたあくる日も、病院のベッドで目が覚めると「勝村君が載っている朝日新聞の記事どうなった」と、心配してくれる先生でした。

そして、２０１６年2月27日朝日新聞夕刊で連載『安井小・こころの作文』の一回目が掲載されたときもすぐ電話がありました。

「君の実践が、生活綴方を前面に出した記事になっている。安心した」

連載は18回続き、記事が載るたびに読まれ、感想を送ってくださいました。

「君もすごいが、書いた宮崎記者も生活綴方についてよく勉強している。良かった」

そして２０１６年5月14日、大阪綴方の会主催の「第10回春季国語教育研究講座」において「絆を深め、思いやりを育む作文教育＝全学年での生活綴り方に10年間取り組んで」の演題で私が講演したとき、以下の助言をわざわざ私のこれからの生活綴方の取り組みのことを考えて、文にしたためてくれました。

その文章を紹介したいと思います。

2016年2月から4月にかけて、朝日新聞に、安井小学校における勝村さんの積極的な実践が『安井小・こころの作文』として「生活綴方」を前面に出して通算18回にわたって連載されました。同時に大阪綴方の会「第10回春季国語教育研究講座」において、勝村さんが、連載の大見出しと同じ「絆を深め、思いやりを育む作文教育＝全学年での生活綴方に10年間取り組んで」と題して講演をされました。

研究講座が終わって会の委員の打ち合わせのおりに発言を求められて、勝村さんの講演の内容に関して意見を述べました。

主として2点についての意見でしたが意を尽くさず勝村さんに失礼なことになったようです。それをここで補うことにしました。

①連載の17回目は「番外編・綴方・広がり望む」として、連載された勝村さんの実践に対する無着成恭さんのコメントが紹介されました。そのコメントのなかの無着さんの一言です。

「6年1組の担任をした勝村先生はいい先生じゃないですか。子どもの側に立ち、『教えよう』じゃなく。『引き出そう』としている」

無着さん。綴方の仕事を言い当ててくれています。勝村さんの実践の特長・本質を言い当ててくれています。私たち大阪綴方の会が一貫して追求してきたことでもあるのです。自己表現、生活の表現としての綴方を書いてもらうことは、「教える」より、「引き出す」ことでありました。

綴方教育は、書いてもらって「引き出す」つまり、子どもが差し出してきた子どものものを、すくい上げて、それを大事に育てていく仕事でした。

勝村さんは、毎月、全校、学級ごとに書いたままの綴方・作文の全員分をコピーして綴じて、「文集」として全員に持たせて読ませていました。

書いたままとは、お粗末な字の何の飾りもない、むしろ舌足らずの幼いくらいの文章のものまでそのままということです。それも「けちつけへんな」と、言われたものをそのままです。

これまで、私は、「私たちの教育は、子どもをこちらに呼び寄せて、こちらの言うことを聞かせてする言葉数の多い教育ではなく、こちらから子どものところに向かって行って、子どもの言うことを聞いてする言葉数の少ない教育でした」と、言ってきましたが、勝村さんの実践は、それを超えるものでした。

勝村さんの実践は、差し出してきたものを、そっくりそのまますくい上げて子ども自身に示してやり、それを育てていくのでした。

「お粗末な字」は、そのままにしないで、国語の時間に視写を取り入れ、シャーペンはやめ、鉛筆の持ち方を正し、一点一画の止めるはねるもきちんと書くことを求めてきました。十年近くたって全校児童の字が変わってきました。ここにも子どもたちの成長をみることができました。

②連載のおしまいの18回目は、「取材後記・思いやり　愛ですくすく」において、校長先生の次のようなお言葉を引用されています。

「教職とは生きることを励ます仕事です。」

勝村さん自身も、講演の要項において「第2章　教職とは生きることを励ます仕事」として項を起こして校長先生の言葉をそのまま取り上げていました。

校長先生に失礼だとは思いましたが、「教職とは生きることを励ます仕事」は、間違いではないにしても、勝村さんの実践を言い当てていない。勝村さんは、「ケチつけへんな」と言われながら、そっくりそのままを受けとめ、教師と子どもが喜怒哀楽・苦楽を共に分かち合いながら人間として生きようとしているのです。人間同志共に育つ存在として互いに手を取り合っているのです。

子どもは、わかってほしいのです。甘えたくてだだをこねながらもわかってほしいのです。離れたくないのです。勝村先生は自分たちのことをわかろうとしてくれている、わかってくれているのが子どもにはわかっているのです。

タイシ君が中学校へ行ってからも、卒業してからも「カツムラ」と言いながら学校へ訪ねて来ていたのは、勝村先生の顔が見たかったのです。勝村先生は、寂しくなったとき顔が見たくなる・会いたくなる存在だったのです。生きる支えだったのです。

森本先生へのシュリからの手紙

一年間ありがとう。いつもめいわくかけてごめんなさい。
ありがとう。４年になってもがんばります。
シュリ、学校とびだしたとき、ついてきてくれてありがとう。
先生走るのはやかったね。一番の思い出です。

シュリより

とびだして、逃げながら、先生に追いつかれ、先生に捕まりたいと思っています。先生が走るのが速くてよかった。走るのが、速くって捕まった。
シュリ君。捕まえられたかったのです。先生の懐に抱かれたかったのです。離れたくなかったのです。甘えたかったのです。森本先生も、シュリ君にとって生きる支えだったのです。

野名龍二（１９２８年12月1日－２０１８年6月1日）
亡くなる直前まで、日本の生活綴方をリードしてきた元小学校教師。戦後、大阪綴方の会で中心的役割を担う。生活綴方について多くの著書を残しているが、１９７４年８月に出版した「綴方教育論」（有文社）が有名。

2章

生活綴方と学び

本来、学ぶことは、子どもにとって喜びであり、幸せを感じるもののはずです。しかし、強制される学びは、苦役になるおそれがあります。２章では、堺の安井小学校に続き、全校で生活綴方教育に取り組んだ新金岡東小学校、ならびに大阪府内の小学校や高校において、本来の学びが、生活綴方教育を通していかに育まれていったかを書くことにします。

1 ぼくは、なんでいるんだろう

2020年12月、新金岡東小学校5年生のナツが書いた作文がここにあります。私は、2019年4月から作文担当の学習支援員として、新金岡東小学校に週3回通っています。

自分の存在

ナツ

ぼくは、なんでいるんだろうと思ったことがある。でも考えても、わからない。お母さんに聞いてみた。「知らんわ!」と言われた。でも、たまに思う。みんなどんな意味があって生まれたのだろうか。だけど、みんなすごい、自分は何もないと思う。なかには、けるのが上手い人もいるし、足がはやい人もいる。ぼくは、走りはおそいし、頭もよくないし、けるのも上手くない。自分のそんざいってなんだろう。

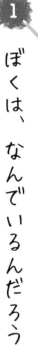

でも自分は好きだ。なぜかは知らないが。

5年生にしては重い題名です。「でも自分は好きだ」。言葉が生きています。それは、「ぼくは、なんでいるんだろう」と自問自答し、出てきた答えが、「自分は好きだ」からです。もし、自分と人と比べて、何一つ人より優れたものがない、とまで思いつめていれば、人は卑屈になるものです。自分より優れた人に対してそねむ気持ちが湧いてきます。でもナツは、自分より優れた人に対して「すごい。」と書いています。すごいと書けたのは、自問自答し、自分で自分の良いところを見つけることができたからです。

人は、人としての長所と課題を持ち合わせながら生きています。人らしく生きていこうとすると、自己葛藤を起こします。生活綴方は、自己葛藤をありのまま書くことによって、自分のこころを客観的に見る力を育てていきます。

後日、ナツが通っているのびのびルーム（学童保育）の主任指導員の黒川恵美さんが、私のところに来て、こう言われました。

「同じルームに通うナツさんと同級のケイさんのお母さんから、ナツさんがとてもいい作文を書いたとお聞きしました。先生、ナツさんが、どんな作文を書いたのか、教えていただけますか」私は、何度も読み直していましたので、その場で作文の内容を口頭で話しました。すると、このように言われました。

「ナツさんは、一年生でのびのびルームに入級してきました。入級したての頃のナツさんは、友だちとのトラブルが多い子でした。そのトラブルを起こすたびに私たちが仲裁に入りました。そのとき、ナツさんの口からよく出た言葉は、『おれなんか、どうせ生まれてこないほうが、良かったんや』『みんなおれのこと嫌っているんや。いないほうがいいと、思っているんや』。その言葉を聞くたびに、私たち指導員は心を痛めてきました。そのナツさんが、そのような作文を書くように成長したこと。本当に嬉しいです。……（涙声）」そしてこうも言われました。

「低学年の子ども同士がトラブルを起こし、その仲裁に入った中学年の子どもが、またトラブルを起こし、大変な事態になりかけたとき、高学年のナツさんが、間に入ってきて、まずトラブルになった理由を両者から聞き、よく聴いたうえで、トラブルにならないような方法を提案し、その方法をこころよく受け入れて、仲良く遊んでいる低・中学年の姿を見かけることがありました。頼もしい高学年に成長したナツさんの成長の理由がよくわかりました。先生、ありがとうございました」

なぜ、「でも自分は好きだ。」と、書けるナツに成長することができたのでしょうか。

神戸大学の川地亜弥子さんが月刊誌『作文と教育』２０２１年１月号特集「学校で学ぶことと生活綴方」で書かれています。

「生活綴方・作文教育は、教師や仲間の中で自分の言葉がかけがえのないものとして大事にされることを通じて、自分自身が大事にされ、自分の言葉がしっかり受けとめられていることを感じる時間を積み重ねていくことが大切です。その積み重ねの中で子どもは安心して自分を表現できるようになっていくのです。」

新金岡東小学校は、川地さんが書いているように、自分の言葉がかけがえのないものとして大事にされることを通じて、自分自身が大事にされ、自分の言葉がしっかり受けとめられていることを感じる時間を2019年4月から積み重ねてきていました。

新金岡東小学校の木戸一智校長がコロナによる休校中全職員に配布された『校長だより』8号（2020年5月25日発行）の一文を紹介します。

「今の心境が書けるような表現活動」を

長い休校の間、どの子もが毎日学校に来て、友だちや先生と勉強したり、思いっきり遊んだり、また、友だちや先生にうれしいことや腹立たしいことを聞いてもらうことができない状況の中で、非日常ともいえる生活をしてきました。

今、学校が再開し、登校してきた子どもたちは、休校中にどんな生活や思いをしていたのでしょうか。そんな子どもたちの生活や思いを私たち教師が、一人ひとりの子どもたちと向き合い、どう理解するかがとても大切ですが、その子のことをわかろう、見ていこうとしないと理解することは大変難しいものです。でも、人間誰でも、人から理解され、わかってもらえるほど、うれしく、励まされることはありません。

そこで、昨年度に取り組んだ「作文」を軸に、子どもたちの今の心境が書けるような表現活動の取組を進めていけたらと考えます。

新金岡東小学校の先生方は、休校中の勉強の遅れも心配していましたが、友だちや先生から離れ、一人孤独感の中で何日も過ごしている子どもに与える精神面の影響を心配していました。

学校長の提案で、休校中に「書きたいときに書きたいことを書きたいだけ」書く自由作文を、無理にやらなくてもいい自由宿題にしました。学校長は、担任が印刷した課題宿題プリントと作文の自由宿題に、子どもたちが少しでも意欲的に取り組めるように、子ども一人ひとりに自筆の手紙を添えました。

休校が明け、分散登校が始まりました。予想以上の作文の提出がありました。数だけではなく、休校中どんなことを思い、どのように過ごしてきたか、しっかり書けている作文が多くありました。

その中から2つの作文を紹介します。

当たり前だったこと

6年　ユウト

二月一日、ぼくは父とコロナウイルスのせいではなればなれになりました。中国で新型コロナウイルスがはやり始めて、学校も休校になりました。それでぼくとお母さんと弟と日本に行くことになってしまいました。

毎日ぼくが遊びに行くとき、また出かけるとき、父はぼくの名前を呼んで見送ってくれました。けれど日本にはいません。

当たり前に身近にいた父は、今はいません。当たり前だったことがなくなると、とてもさびしくなることがわかりました。

コロナがおさまって早く父に会いたいです。

読むとコロナの影響で大好きだった父と離れ離れにならなければいけなくなった辛さが、痛いほど伝わってきます。「毎日ぼくが遊びに行くとき、また出かけるとき、父はぼくの名前を呼んで見送ってくれました。」たった二行ですが、中国にいる父が、普段からわが子に寄せる思いの強さがよくわかります

コロナ禍で、親子離れ離れに過ごさなければならなくなった辛さを文に書くことで、父のわが子に寄せる思いの強さに気づいています。人の思いの強さをわかる人は、人の思いに心寄せることのできる優しい人に成長します。

コロナの前と後で感じたこと

5年　キミノリ

緊急事態宣言の延期が発表され、それを聞いたぼくはがっかりした。なぜなら、学校にも

行けない、友だちにも会えない、剣道の練習もできないからです。でも、一ついいことができました。

それは、家族との会話が増えたことです。前は、剣道ばかりで、いっしょにご飯を食べながら、あまり会話できなかったが、新型コロナウイルスで今は、会話が増えました。新型コロナウイルスがなかったときは、学校も行けて、楽しく通っていましたが、今は、すごくたいくつです。

最後に、新型コロナウイルスで気づいたことですが、家族との会話が、すごく大事だと思いました。この会話のおかげで、家族の笑顔が増えてぼくは、すごくうれしいです。

この文で書きたかったこと・伝えたかったことは、会話の楽しさです。人と人が言葉によって心通わせることが、キミノリは、嬉しいと言っているのです。新型コロナの問題が起こる以前は、家庭に会話が少なかったが、学校・学級にはたくさんあって楽しかった。そしてコロナ禍では学校で会話がなくなったが、家庭で増えた。辛い日々の中から、嬉しいことも見つけて生きていくことも人として大切なことだと思います。

そして、その作文の中にナツの書いた作文もありました。題名はありません。

ぼくは、ともだちにあいたいです。とくになかのいい友だちです。でも、みんなにあいた

くれます。

お姉ちゃんは、やさしくてたよりになります。ママは、いつもおいしいごはんをつくってくれます。

良い文に長短はありません。自分の内なる思いがしっかり文に込められています。ナツは、休校中、とにかく友だちに会いたかったのです。このように自分の思いをまっすぐ書ける学校、学級はいい学級であり、いい学校です。勉強と同じぐらい友だちとの人間関係も大切している学級・学校だからナツは書けたのです。

ナツに聞いてみました。とくに仲のいい友だちは、だれ？　すぐ返事が返ってきました。「同じクラスのケイです」。その理由は、「一年入学してきてから、僕の気持ちを一番わかってくれて、優しいから」という返事が返ってきました。

そして二段落目「お姉ちゃんは、やさしくてたよりになります。ママは、いつもおいしいごはんをつくってくれます。」に注目してください。ナツは、だれにこのことを伝えたかったのでしょうか。私は、新金岡東小学校の先生方に伝えたかったのだと思います。学校が、休校中に自由作文をした、そこに込めた思いがわかるナツだから書けた作文です。

生活綴方を通して、育ってほしいと願ってきた「人の思いがわかる子」が、この作文にあると思いました。

そしてこの3つの作文を含め、新金岡東小学校では、6月初め、学校だより『ぐんぐんのびろ東っ子』特別号として、コロナ休校中に子どもたちが書いた作文を十数編載せて全家庭に配布しました。

そしてこの特別号に載せた作文の読み方を、全教職員で夏休み中の夏季研修会で学び合いました。講師は、私がさせてもらいました。

ここで新金岡東小学校の学校をあげての生活綴方の取り組みを紹介したいと思います。

新金岡東小学校では、学校長自ら、毎週月曜日の全校テレビ朝礼で「子どもが書きたいときに書きたいように書きたいだけ書いた作文」を一作品ずつ読んでいます。「学校だより」では、学年ごとに、担任がみんなに読んでほしいと推薦した作品を、裏面に毎月載せています。またそれぞれの学級では、朝の会で担任が作文を一つずつ読んだり、学級通信に載せたりする学級、あるいは授業で読み合う学級などがあります。今年はコロナの影響もあり、担任から無理なく子どもが書いた作文を子どもに返せるように、工夫して取り組んでいます。年に一回、全クラスで、子どもが書いた作文を読み深める授業を公開でおこなっています。

朝の会で読んでいる学級の本を紹介します。

- はとぶえ（堺市内の小学校の教職員と小学校長会が毎月発行している児童文化誌）
- 「教室でいっしょに読みたい綴方」（なにわ作文の会発行の作文作品集）
- 「子どもの世界」（大阪綴方の会発行の作文作品集）

休校明けからも続けてきた、学校あげての生活綴方の取り組みから生まれた作文を、２つ紹介したいと思います。２つとも自分の心に正直にありのまま書いています。

百人一首負けたー。

4年　マイ

「なんで負けるの。」

まりいちゃんに10対7で負けた。

わたしは、負けないと思ったのに。まりいちゃんがうれしくて、なみだが出ていた。だからわたしも、なみだが出そうになった。1回戦でゆりちゃんにぎりぎりかって気分が上がっていたのに。そしてわたしは、はじめて自分が負けずぎらいという事がわかった。

家に帰っていったん心をおさめたら、だんだん、悪口ばかり出てきた。おねえちゃんに言ったら、「えー。」と言われた。ちょっとだけ心がもやもやしていたけれど、今日はねた。ぜったいに次は勝つ！

勝ったときの喜びを書いた作文は多く読んできましたが、マイは負けたときの悔しさを正直に書いてきました。「なんで負けるの。」、この書き方から、この日の大会のためにかなり練習してきたことがよくわかります。だからこそ負けた原因を自分に問うています。問うていろいろ考え、次に勝つための手立てを考えたいのだが、邪魔するのが、勝ったときの喜びで涙まで流しているマリイちゃんの姿です。その姿を見るとどうしても謙虚になりきれません。「家に帰っていったん心をおさめたら、だんだん、悪口ばかり出てきた。」。今の自分の心のおさめ方ではよくないと、気づいています。だから、お姉さんに聞いています。やはりお姉さんから「えー。」と言われて、相談する前よりは心を落ち着かせ、次に挑戦しようという気持ちになっています。この作文で輝いているところは、「悪口ばかり出てきた」のところです。負けたことによって、その悔しさを正直に書くことによって、心が成長しています。

つり

4年　サヨ

お父さんは、つりバカだ。ひまだったらつり。ねるときは、つりどう画。つりしか頭にはいってないのか？？と思う。でも、きのうの夕はんはつってきた魚をたべた。アジのさしみ、カサゴのにつけとか、みそしるとか。でも、つりは手がくさくなるし、雨の日の前は、つり場は、びしょびしょだ。足がぬれる。しかも、りょこうのときもつりにしんけん。

でも、そこまでは、ゆるせる。でもねているときに、ベッドのよこに入って、場所をとられる。でも、お父さんは、だい好きだ。つりバカだけど。べつにいいや。いつも妹におこられているけど、妹もお父さんが大好き。

この文の特徴は、逆説のつなぎ言葉「でも」「けど」。この言葉で自分の思いをつないで表現しています。綴り手は、女の子です。お父さんは大好きだけれど、そのお父さんは、自分が好きでない魚釣りが大好き。その点で悩んでいることが、「でも」のつなぎ言葉と題を「つり」にしたことでよくわかります。

作文の最後に注目してください。「いつも妹におこられているけど、妹もお父さんが大好き」と書いています。下の妹にまで怒られやすいお父さん、そんなお父さんが家族みんな好きなのかもしれません。嫌なところも好きなところも、心に思ったことは何でも言い合える家族関係。いい家族だなあ、と、思いました。

ナツが書いた作文「自分の存在」（112頁）にもどります。

もう一つの特長にナツの文章の書き方（技術）の伸びがあります。自問自答したところが、「でも」でつないでいることでよく伝わってきます。また文末で「でも自分は好きだ。なぜかは知らないが」と倒置法を使っていることで、この作文でナツが一番強調したかったことがよく伝わってきます。

6月の作文も、文にリアリティーを感じます。思ったことを素直に表現できるナツの良さが出ている良い文です。でも2段落目の文の良さを理解するには、難しさを感じます。それに比べて今回の12月に書いた作文は、ナツのこの文に込めた真の思いがよく伝わってきます。ナツの作文「自分の存在」に心の成長を見た担任の霜野雄史先生は、作文を読み深める授業で取り上げました。授業当日、2本目の作文だったので、扱った時間は20分ほどでした。

その短い時間の中で、とにかく読むことを大切にしていました。担任が作文を配布した段階で、まずクラス全員が静かに読みます。次に担任が声に出して読みます。読み終わった後、初発の感想の簡単な交流をします。そして書いた本人が声に出して読み、聴きながら質問も含め何か思ったことがあるところに線を引きます。どのように思ったかを線の横に書く子どももいます。それから文をもとにして各自が思ったことの交流をしました。

授業は次のように進みました。紙幅の関係で、主な意見だけを書いています。Cは子ども、Tは教師です。

C　ええ、ナツがこの作文を書いた（驚きの声があちこちから）

C　ナツは、文の中で、自分には何もないと思うと書いているけど自分が好きというものを持っている。それがえらい

C　どんな意味があって生まれたのだろうか。ぼくもよく考える。「でも自分が好き。」ぼくもそうだ

T　自分のどんなところが好きか、言える？

C　言える。……（言いかけて）でも今すぐこの場では言いにくい

後は、自分が得意にしていることを何人かの子どもが発言して終わりました。

ナツが心の中で思ったことを素直に書けるのは、友だちの文に込めた思いをしっかり読み、受けとめることのできるクラスだからです。

そのことがよくわかる場面をもう一つ紹介したいと思います。

国語の物語文・椋鳩十作『大造じいさんとガン』を学習したときです。第三場面を読んで、一番心に残った一文を書き写し、思ったことを発表する場面です。

心に残った文が集中したところは、仲間のがんをはやぶさから守るために、命がけでたたかったがんの頭領、残雪が今度は敵である人間、老狩人の大造じいさんと向き合った場面です。少し紹介します。

残雪は、むねの辺りをくれないにそめて、ぐったりとしていました。しかし、第二のおそろしいてきが近づいたのを感じると、残りの力をふりしぼって、ぐっと長い首を持ち上げました。そして、じいさんを正面からにらみつけました。

それは、鳥とはいえ、いかにも頭領らしい、堂々たる態度のようでありました。

大造じいさんが、手をのばしても、残雪は、もうじたばたさわぎませんでした。それは、

最期《ご》の時を感じて、せめて頭領としてのいげんをきずつけまいと努力しているようでもありました。

（『大造じいさんとガン』国語㊄ 銀河・光村図書・令和二年度より）

子どもからいげんの意味がよくわからない。と、意見が出ました。そこでナツが手を挙げてこんな意見を言いました。

「いげんのところはわからないけど、残雪がすごく仲間思いだなあということはよくわかった。『残りの力をふりしぼって、ぐっと長い首を持ち上げました。そして、じいさんを正面からにらみつけました』のところで。理由は、最後の残りの力を使ってまでも、じいさんを正面からにらみつけることによって、飛び遅れた仲間のガンを逃がすことができると思ったから」

するとすぐショウが手を挙げて言いました。

「残雪の頭領としてのプライドを傷つけないようにしていると思う。でも、文の中で『努力しているよう**でも**ありました。』と書いてあるから違う理由があるのかなと思った。この文は大造じいさんの気持ちだから、違う考えを読んでいる人に考えてもらおうと思って、こういう書き方をしていると思う。ぼくは、大造じいさんと同じです」

ショウは、このように言いたかったのです。ナツは、いげんの意味がよくわからないと言ったけど、それは大造じいさんが思ったことで、ナツは、「残りの力をふりしぼって、ぐっと長い首を持ち上げました」の事実のところを読んで、残雪の仲間思いの強さが、よくわかる、と、読みました。それで良いと言いたかったのです。

ナツが「自分のことが好き」と素直に書けたのは、ナツの作文を読み、家に帰って自分のことのように喜び、家の人に伝えることのできる友だちがいることと、何でも思ったことを言えば、その真意を受けとめてくれる友だちがいること。そして受けとめたうえで自分の思いを言える「人の気持ちがよくわかる」友だちがいるからです。

そして、もう一つ「教師や仲間の中で自分の言葉がかけがえのないものとして大事にされることを通じて、自分自身が大事にされ、自分の言葉がしっかり受けとめられていることを感じる時間を積み重ねていく」中で生まれた作文を紹介したいと思います。

この4月、3年生に進級したチサトが「三年生でがんばりたいこと」として書いた作文です。

わたしは、三年生で、友だちに、気づかい、やさしくすることをがんばります。だれかがけがしたら、足をあらってあげて、バンドエイドをはったり、ほけん室につれていってあげたいと思います。だれかがないていたら、なにがあったかきいてあげたいです。なぜなら、みんなもわたしにそうしてくれていたからです。

みんなが、そうしてくれたように、わたしもみんなにやさしくしてあげたいです。もちろん、おこるのもやさしさです。でも、強い口ちょうで言葉を言ったり、ぼうげん、ぼうりょくは、やさしさではありません。だから、こらえようと思います。こわく、ぼうげん、ぼうりょくをして、いいことはないけれど、やさしくしていいことは、たくさんあるので、やさしくしたいと思います。

自分の言葉に込めた真意を理解してもらうことによって、人は自分の正直な思いを人に伝えることができるようになります。この文章の輝いているところは、2段落目の、「**もちろん、おこるのもやさしさです。でも、強い口ちょうで言葉を言ったり、ぼうげん、ぼうりょくは、やさしさではありません。だから、こらえようと思います。**」のところです。人への優しさについて、自分のことを振り返りながら、自分の思いを正直に書いているからです。人は事実と正直に向き合うことで素直な自分に気づき、成長していくことができます。

ナツの書いた「自分の存在」、そしてチサトが「三年生になってがんばりたいこと」として人への優しさについて自分の思いを書いた作文を読み、すぐに思い浮かんだ文章がありました。『こころの作文』の無着成恭インタビューの一説です。

「いじめの問題がありますが、それは自分の側からしか物事を見られず、友だちの側から自分の在りようを見ることができない者が起こすのです。今の学校は自分自身を客観視できない人間をつくっている。生活を記録すること、それは自分の生活上の問題や自分が何者なのかという問いから目をそらさないことです。だけど今は自分が何者なのか、何をしたいのかもわからず、自分自身にいらだつ子が多い。だから他人にいらだち、攻撃するんです。」今教育で大切にしなければいけないことは、ナツやチサトのように自分自身を客観視できる人を育てていくことだと思うのです。

2 「うれしくてたまらない」のところがうらやましい

「うれしくてたまらない」のところがうらやましい。と、自分の思いから湧き出た言葉を書いた子どもがいます。これは作文で書いた言葉ではありません。

新金岡東小学校の1年1組担任の成子友理先生が、国語の物語文『たぬきの糸車』を指導したときのことです。子どもたちは最後の場面を視写し、思ったことを話し合いました。そのときに、ある子どもがノートに書いたのです。

私は、安井小学校ならびに新金岡東小学校で、自分の思いを自分の言葉でしっかり書くことのできる子どもに育ってほしいと、国語の物語文の授業のあり方に力を入れてきました。文学作品である物語文を読むことによって、作者の心がわかり、人の心を想像できる心の柔らかさ、あたたかさを持ち合わせる人に育ってほしい、と願ってきたからです。その気持ちは、文を書くときも読むときにも生きてきます。

マホは、私が受け持ち、2015年に安井小学校を卒業していった子どもです。『こころの作文』一章で紹介した作文「おかあさんとハローワークにいったよ」を書いた女の子です。そのマホが6年生の物語文教材・立松和平作『海の命』を学習したときの感想文を紹介したいと思います。

この作品は、父親の命をうばった偉大なものへの挑戦によって、太一が成長していく物語だと思います。そしてその偉大なものであるクエへの挑戦は、偉大な父への挑戦でもあると思います。村一番のもぐり漁師だった父でさえも捕まえることのできなかったクエを捕まえるということは父のことをこえるということです。なので太一は、クエを捕まえることによって、『偉大な父をこえる』『一人前の漁師になれる』と思っていたんだと思います。だから最後のほうに「この魚をとらなければ本当の一人前の漁師にはなれないんだと、太一は泣きそうになりながら思う。」と、書いてあります。けれど太一は、結局捕まえるのをやめてしまいます。この場面を読んで、私は、「大造じいさんとガン」を思い出しました。大造じいさんもずっと捕まえたかったはずの残雪を最後には、そのまま逃がしてしまいます。なぜ大造じいさんは、残雪を撃たなかったかという疑問と同じように、なぜ太一は、瀬の主を捕まえるのをやめたかという疑問が生まれました。そしてもう一つ頭に浮かんだ作品があります。それは菊池寛さんの書いた『恩讐の彼方に』にです。罪を償うために洞門をほっている父親を殺した犯人に、その息子が仇討ちにいく話で、息子が仇討ちに来ると犯人は、この洞門を掘り終わったら死んでもいい、それまで待ってくれと頼みます。二十年以上かけて洞門を掘り終えた犯人に心をうたれた息子は結局仇討ちをやめます、このように『恩讐の彼方に』の結末は、殺されたがっているように見えた瀬の主の様子に殺す気を失くす太一と重なって思えました。

　私は海の命を偉大なものへの挑戦によって成長していく物語だと解釈しました。太一が瀬の主を捕まえるのをやめた理由は、偉大なものに出会い、戦意喪失したというか、クエを捕まえることの無意味さを知ったということだと思います。結果、太一はクエを殺しませんでした。これは父と同じ道を歩まなかったという意味だと思います。父は、クエを捕まえようとしたので、クエを捕まえなかった太一は、父とは、別の道を歩んだことになります。そしてそれは、太一が与吉じいさんから最低限の魚しか捕まえない漁の仕方を学んだからで、クエを殺さなくても生きていけるなら、わざわざクエを殺す必要はないと考えたからだと思います。太一は、与吉じいさんの元で漁を学び、父とは異なる漁師の生き方を学んできたことによって、父とは別の道を歩む。父のしたことの否定（父の否定）をしていったことで成長していったのだなと思いました。

この感想文のすばらしいところは、『海の命』『大造じいさんとガン』『恩讐の彼方に』を読んで、心動いた場面を自分で見つけ出し、そこで共通する自分の思いを書いているところです。文に何が書かれているかがわかっていることと、物語に出てくる主人公の生き方に共感できる心の柔らかさを持っていなければ書けない感想文です。

冒頭で紹介した、『たぬきの糸車』を読んで「うれしくてたまらない。のところがうらやましい。」と書いた子どもに、マホの感想文と同じものを感じました。では、どのような授業を通して、「うれしくてたまらない。のところがうらやましい」と、いう思いを引き出すことができたのでしょうか。紹介したいと思います。

まず『たぬきの糸車』が、どんなお話か、概要を書きます。

主人公のいたずらずきのたぬきは、おかみさんが糸をつむぐ糸車の音「キーカラカラキーカラカラ　キークルクルキークルクル」という音にひかれて、きこりのふうふがすむ家にやってきます。おかみさんは、たぬきが糸車に合わせて目玉をくるりくるりとまわす様子をみて、かわいいな。と感じます。ところが、ある晩、たぬきはわなにかかってしまいます。かわいそうに思ったおかみさんは、たぬきを逃がしてやります。冬の間きこりの夫婦は町に降りていきます。きこりの家で、たぬきは、おかみさんの糸をつむぐまねをして一人で糸車を回しながらすべての糸を紡ぎ、たばにしておいておきます。やがて春になりきこりの夫婦は山に戻ってきます。するとたぬきは、何も言わず嬉しそうにぴょんぴょこおどりながら帰っていくというお話です。

成子先生が、授業で子どもと一緒に視写したところは、お話の最後の場面です。

たぬきは、ぴょこんとそとにとび下りました。そして、うれしくてたまらないというように、ぴょんぴょこ　おどりながら　かえっていきましたとさ。

（『たぬきの糸車』こくご㊀下・光村図書・令和二年度より）

授業の場面を紹介します。（Tは教師、Cは子どもです）

T　視写したところを中心に読んで、何か思ったことはありませんか。

C①　うれしくてたまらない

C②　めっちゃうれしそう

C③　おどりながらかえっていきました。が、うれしそう。

T　どうしてめっちゃうれしい、うれしそうなの？

C④　さいごまで糸車をつむげたから

T　なんでさいごまでつむげたの？

C①　おかみさんがのぞいているのに気づきました

T　おかみさんはたぬきが終わるまで待っていたのかな？

C⑤　たぬきがつむぎ終わるまで待ってあげたかった。

C⑥　驚かせたくなかった。

T　昨日C⑦さんが「お礼をしたかった」と言っていたけれど、お礼はできたのかな？

C⑦　お礼はできた。

T　この後、たぬきとおかみさんはどうなったと思う？

C⑧　おかみさん・たぬきは仲間になるかも

C⑨　一緒にすむかもしれない。

C⑦　**たぬきだから、おどりながら帰っていったと思う**

T　そう。さっきC⑪さん「**友情**」て言ってたよね。友情ってどういうこと？

C⑩　**つながってる。**
T　心と心がつながってるんだね。
（つぶやき）
C⑪　**たぬきかわいそう。**
（ノートより）
C⑫　ぴょんぴょこおどりながら帰るのがすっごくかわいい。
C⑬　**「うれしくてたまらない」のところがうらやましい。**

特に太字のところに注目してください。言葉、文、文章を読み、友だちの思いも聴きながら、自分の内から溢れ出た思いを言葉で表現しています。文に何が書かれているかがわかっていることと、物語に出てくる登場人物の心のあり様が想像できる心の柔らかさを持っているから、言えたり書いたりできたのです。

そのことを、太字部分を発言した子どもが書いた作文を紹介しながら、書いていくことにします。

たとえば、C⑦「**たぬきだから、おどりながら帰っていったと思う**」についてです。つまりC⑦さんは、糸車を通してせっかく仲良くなれたのに、たぬきは動物なので一緒にその喜びをわかち合えない、だからおどりながら帰った。と言いたかったのだと思います。

C⑦を発言した子ども（ケントといいます）が、前のところで「お礼はできた」とも発言しています。

前時の授業「じょうずに糸をつむぐたぬきの手つきから、たぬきの気持ちを読む」の場面についての話し合いで、ケントが「つるの恩返しと同じや！　おかみさんに助けてもらったたぬきの恩返しや！」と発言しました。

成子先生が「つるの恩返しのお話、知っている人、手を挙げてください」と、言いました。するとクラスの半分も手が挙がりません。

そこで、成子先生は「つるの恩返しを読んであげたら、ひょっとしたら、同じところと違うところに気がつく子どもが出てくるかもしれない」と考えました。また「つるの場合は、布を織っているところをそうっとのぞいたために、つると人が悲しい別れをしなければならなくなる。それに対してたぬきの場合は、そうっとのぞいたことで、楽しい別れになっている。そのことに気づく子どもが出てくるかもしれない」、そう考えました。そして「つるの恩返し」をすぐ読みました。

読み終わった後、ある子どもは「つるの恩返しは、同じ恩返しでも最後悲しくなってきた」と言いました。続けてもう一人の子どもが言いました。「つるが布を織っているところを見ないでと約束したのに、男の人が約束破ったから、つるが悲しくなって遠くへ行ってしまったんや」「かわいそうや！」と、何人かが口々に言いました。

それから本時の学習にのぞんだので、「たぬきだから、おどりながら帰っていったと思う」というケントの発言が出たのだと思います。

ケントが、どんな子か。ケントがこの冬休み明けに書いた作文で紹介したいと思います。

たいようを見た　　　　ケント

このまえ、パパとねえねとぼくで、たいようを見にいきました。たいようがでて、パパはたいようがでたといいました。たいようがでたのは、かえるときでました。まぶしかったです。たいようが出たのは、おおいずみです。たいようを見たところは、おおいずみのながいすべりだいのところで見ました。

初日の出を「パパとねえねとぼく」で、自宅近くの公園の長い滑り台から見たときのことを思い出して書いた作文です。そのとき感じたことは、「まぶしかったです。」と、書いてあるだけです。この作文のいいところは、「まぶしかった」を抜いて読んでもらうとよくわかります。「パパとねえねとぼく」で、年明け最初の日の朝はやく太陽を見たことが嬉しかったのです。嬉しさをそこに感じることのできるケントの心の柔らかさを感じました。

そしてこの「たぬきの糸車」の物語を「友情」「つながり」と読んだ子ども、ショウタのことも作文で紹介したいと思います。
夏休み明けにショウタが書いた作文です。

せみとり

ショウタ

せみとりした。おばあちゃんちでせみとりおわったらあそんだ。あぶらぜみつかまえた。いちにちたったらしぬから、いっぴきしかつかまえへんかった。

ショウタは、なかなかやんちゃな子です。好きなことには夢中になるが、苦手にしていることや嫌なことは、すぐ態度に出ます。ショウタが生き物好きなことは、この作文でもおわかりいただけると思います。一学期の終わりにこんなことがありました。前の日に家の近くの野原で捕まえたバッタをたくさん入れた網かごを持って、登校してきました。すぐ担任の先生から言われました。「ショウタ君、そんなにたくさんのバッタは飼いにくいよ。難しいよ。何匹か、校庭に逃がしてあげたら」。するとショウタは、「ええ、なんでそんなことぼくだけ言うん。◯◯さんもカブトムシ持ってきて教室の後ろに置いているやん。いややや」と言いました。そんなやり取りを繰り返しながら、最後にはショウタが涙をためながら、私と一緒にバッタを校庭に逃がしました。この一件から、担任のショウタへの関わり方が「まずショウタの気持ちを受けとめたうえで、良くないおこないには、ショウタが納得するまで話していく」方向へと変わりました。

作文「せみとり」に戻ります。なかなか素直になれなかったショウタでしたが、この作文をクラスのみんなの前で読んでもらい、友だちからショウタの優しさに気づいた発言が多く出ました。

そしてショウタが次の日学校に登校して、机の中をのぞくと、一通の手紙が入っていました。

ショウタくんへ

けんかとかおおいけど　わたしもがんばるから　みんなとなかよくしようね

リアより

ショウタに変化が表れました。

友だちとトラブルを起こしたとき、相手の思いを聞くことができるようになってきました。ショウタの心の成長が、この物語文「たぬきの糸車」を読み、「友情」「つながり」と読んだところに表れたと思います。

そして少し間をおいてC⑪さんが、手を挙げ少し自信なさそうに言いました。

「**たぬきは、かわいそう……**」

授業が終わった後、C⑪さんに、何を言いたかったのと聞いてみました。

「せっかく糸車でたぬきさんがおかみさんと仲良くなれたのに、帰らないといけなくなり、かわいそうと思ったから」。

また、発言はなかったのですが、C⑬さんは、ノートに「**うれしくてたまらない**」**のところがうらやましい**と、書いていました。

授業が終わって、成子先生にこれを書いたのは誰か聞いて見ました。モモカだとわかりました。

モモカのことで思い浮かんでくるのは、覚えたてのひらがなを使って初めて自由作文に取り組み、7月に書いた次の作文のことです。

いえにかえってどあをあけたら、うさぎのかなが　なでなでしてってゆってきてるかんじがするよ。

モモカの動物に寄せる思いの強さがよくわかる、なんともかわいい作文です。遅刻や物忘れが少し多く、何事も取り組みが遅いので困ったところがありましたが、友だちに対してとても優しく声をかけることができるモモカでした。

だから成子先生は、彼女のいいところを引き出し、彼女の課題に対して優しく声をかけ励ますことのできるクラスにしたいと考えました。その願いから、この作文を一枚文集に載せ、みんなに紹介しました。

クラスの友だちの中で、自分の気持ちがうまく伝わらず、手を出したり、すねて泣いたり、教室から飛び出たりする友だちがいると、モモカが声をかけるようになってきました。だから「たぬきの糸車」を学習して、最後の場面「たぬきとおかみさんの心が通じ合えたところ」が、うらやましくなったのかもしれません。

物語文を教師と子どもで学習する意味は、読解力を高めることにあるのではなく、文章を深く読むことによって、この太字部分のような、自分の心から湧き出た思いをより確かなものにするところにあると思うのです。

視写も読みの一つですが、授業の中で、一人ひとりの子どもに読む時間を十分確保してあげること。そうすることで、書かれている文が理解できるようになります。理解できれば思いは自然に湧いてきます。人として大切な心の柔らかさは、人の心をしっかり耕すことのできる言葉や、文、文章から育ちます。

文を読み、言葉から自分の思いを膨らませることのできる授業を創っていくためには、自分の思ったことは何でも言える、安心感あるクラスづくりが必要です。成子先生の1年1組は、思ったことは何でも言える心が開放された学級です。

3 作文を読み深める授業で大切にしてきたこと

2章では「生活綴方と学び」をテーマに書いてきました。子どもが書いてきた作文を使ってする授業で、何を学び合うのか、その点に重きを置いて書くことにします。

2020年2月14日に、枚方市立香里小学校5年1組、棚田惇碁学級（児童40名）のご協力を得て、子どもが書いた作文を教材にして読み合うことの意義を、授業を通して私が提案することになりました。以下、そのときの授業の様子を書きたいと思います。

まず、子どもが自由に書いてきた作文を読み合う授業のねらいをこのようにしました。

生活綴方教育は、人に限らず生きている物すべての命に対する慈しむ心を育て、物事への思いや考えを深めていく教育です。

生活綴方は、日常生活の中で起こった嬉しいこと（嬉しいことの中には新しい発見もあります）、楽しいこと、辛いこと、悩むこと、ときには腹の立つことを、一度立ち止まり、じっくり考えて、思ったことを自分の言葉で表現する自己表現活動です。読み手は、そうして表現されたことに共感することで、表現者の思いを自分のものにしていくことができます。

文を読み、言葉・文・文章からこころが動いたところ（特に、人としての成長に欠かすことのできない言葉や文・文章）を明確にしていきます。こころが動いたところは、それぞれ違っていても構いません。こころが動いた根拠を、できるだけ明確にしていくことが大切です。そして、それぞれがこころ動いたところとその根拠を持ちながら、作文を読み深める授業にのぞみます。読み手の子どもが、書き手の子どもの気持ちを想像しながら、読み深めるように導いていきます。導くためには、教師の読みの深さが重要です。言葉や文、文章から輝いているところに着目し、どのように、どのぐらい輝いているか、しっかり自分なりに考えを持って授業にのぞむことが必要です。ただし、教師の読みを押し付けてはなりません。子どもが、自ら引き出せるように導くことが肝要です。引き出すためには、何でも思ったことを言える安心感が子どもにあり、教室に信頼関係があることが必要です。その上で、子どもの発言に常にこころ傾けていれば、導き方が見えてきます。

作文を読み深める授業で学んだことは、次にどんなことをどのように書くのがいいのか、作文の質を子ども自らが高めていくことにつながっていきます。自ら高めていくことをしないで、人間的深まり合いを求める授業はのぞめないと思います。

今回は、作文を書く前の指導を授業者としてできませんでした。そのため、事前に金子みすゞの詩「つもった雪」と「星とたんぽぽ」２編と、作文１編、私が作文指導で関わった５年生の作文を、棚田学級の子どもたちと読みました。

〈詩の授業「つもった雪」金子みすゞ作（2月7日（金）5校時）〉

つもった雪

金子みすゞ

上の雪
さむかろな。
つめたい月がさしていて。

下の雪
重かろな。
何百人ものせていて。

中の雪
さみしかろな。
空も地面《じべた》もみえないで。

金子みすゞ童謡集『わたしと小鳥とすずと』
（JULA出版局）より

授業の流れは次のとおりです。
①授業者が声に出して読んだ後、金子みすゞさんが見たものは何ですか。と、問う。
②金子みすゞさんが、上・下・中の雪を見て、思ったことは何ですか。と、問う。
③「いいなあ」と思うところに線を引く。
④「いいなあ」と、思ったところを音読してから発表する。（2、3人）
⑤全文視写する。
⑥視黙読をする。（全員で声を出さず一斉に読む）
⑦視斉読をする。（全員で声に出して一斉に読む）
⑦音読する。（席順に3、4人）
⑧特に「いいなあ」と思ったところを読み深めていく。
⑨読みたい人が音読する。（2、3人）

その後、詩「星とたんぽぽ」金子みすゞ作を読み、同じところを見つけるよう、促しました。子どもがこの詩を読んで思った主な発言内容を記します。

- この詩は、上・下・中につもった雪の身になって作者が、「さむかろな」「重かろな」「さみしかろな」と、かわいそうだと思って書いているところがいいと思った。

・特に三連の雪の中の見えない雪を「さみしかろな」と思っている作者金子みすゞさんは、本当に優しい人だと思った。
・金子みすゞさんは、赤ちゃんを産んで、すぐ病気で死ぬことになり、自分の赤ちゃんを自分で育てることができなかったかわいそうな詩人と先生が、この詩を読む前に言っていたでしょ。中の雪、「さみしかろな。空も地面もみえないで。」これは、金子みすゞさんの気持ちを表していると思う。など

詩の授業で大切にしてきたことは、「作者の観察する目と心」です。落ち着いてしっかり読むことによって「作者の観察する目と心」が見えてきます。『つもった雪』は、「上の雪」を観察し思いやり、「下の雪」を観察し思いやっています。そして「中の雪」まで観察し、その思いやりの強さを「さみしかろな」の言葉に込めています。この詩を子どもと一緒に読み合うことによって互いに「思いやりの心」を育んでいきたいと思いました。

〈作文を読み深める　（2月7日（金）6校時）〉

弟のことを書いた友だちの作文を読み、アイカが作文を書きました。一章の⑤「先生！言葉に込められた思いの重さがわかる子どもに育ててください」で記載してある作文です（そのため、ここでは一部だけ掲載します）。

弟がいた

堺市立安井小学校　5年　アイカ

わたしには、弟がいました。だけど何年か前におなかの中で亡くなりました。

・・・・・中略・・・・・

ママは、死ぬかくごでアイカを産みました。だけどママも私も助かりました。だけどやっぱり弟が生まれてこなくてかなしいです。だけど弟の分まで生きたいです。そのために長生きは、大事だな、と思っています。

授業者であった私は、授業で、「ママも私も助かりました。だけどやっぱり弟が生まれてこなくてかなしいです。だけど弟の分まで生きたいです。そのために長生きは、大事だな、と思っています。」に、着目させたいと思いました。特に文末の「だけど弟の分まで生きたいです」は着目させたい文です。兄弟や姉妹がいる友だちのように私にも下の子がほしい。「弟がほしい」ことを口に出して言いたい。でも口に出したら、母は、また命がけで産まないといけない。だから、そのこころの葛藤を文で書くことによって、自分を自分で納得させようとしている作文だと思います。葛藤するのは、母のことを思うアイカが優しいからです。優しいから「弟がほしいから、弟の分まで生きたい」と書けたのです。

子どもたちは、この作文を読んで次のように発言しました。

- 「ママは、まっさきにアイカの命をゆうせんしてくれました。」の文の『まっさきに』ということは、アイカさんのお母さんは悩まずアイカさんの命を優先してくれているので、お母さんのすごい優しさを感じる。
- 同じ文から、思ったことは、(さすが親子だな)と思った。
- 「だけどやっぱり弟が生まれてこなくてかなしいです。だけど弟の分まで生きたいです。」のところで、やっぱり弟が生まれなくてかなしいけど、その分、弟の分まで生きたいと書いたアイカさんは、優しいと思った。

〈**授業本番(2月14日　第5校時)**〉

読み深めた作文の1つ目です。

「　　　　　」(題名なし)　　5年　マミ

私は、友達と遊ぶ約束をしていて、自転車で道を走っていました。そうしていると、おじいさんが、「助けて」と私に　言ってきたので、「どうしたのですか?」と、聞くと、足が上がらないと言い、そのおじいさんは、かさと、つえをついて歩いていて、そのおじいさんは、私が小さい時、話はあまりしないが、その辺を散歩していたおじいさんだったのです。私は、「足にいたみを感じますか？」と聞き、おじいさんは、「いたい」と、答えました。おじいさんは、「きのう、病院からたんいんしてきたばかりなんだけど……」と、話しました。それから、そのおじいさんの歩くところに石やごみがおちていたので、それをどけたりしていました。私は、こういった助けは、初めてだったので、少し、不安と、こわいという気持ちがありました。そうしているうちに、近所のおじさんが来て、おじいさんに、「大丈夫ですか？」と、声をかけられ、少しまっててと声をかけられ、しばらくすると、そのおじさんがもどってきて、そのおじさんは、わたしに「ありがとう！」。このおじいさんは、「まかせて」と、言われ、なんだか私は、ホッとした気持ちになり、私は、これから人を助ける時は、不安な気持ちをもたず、もう少し、はきはき助けられるようにしようという気持ちをもてるようになりました。

授業者として、私はこう読みました。

まず「人を助ける時は、不安な気持ちをもたず、もう少し、はきはき助けられるようにしようという気持ちをもてるようになりました。」に着目させたいと思いました。マミさんは、「もう少し、はきはき助けられるようにしようという気持ちを持てるようになりました。」で、文を結んでいます。「持とうと思いました」では、ありません。登下校中の児童へのいたずらが頻繁に起こってきている現在、不安とこわさを持って当たり前です。でも、「助けて」の声を出したおじいさんは、彼女が、小さい時によく散歩していたおじいさんでした。それで、おじいさんが歩くところの石やごみを拾って歩きやすくしていています。こわさを持ちながらもおじいさんの気持ちを考えて自分のできることを精いっぱいしています。だから、その様子を見た近所のおじさんが、「大丈夫ですか?」と、声をかけ、「ありがとう!」と、彼女に言って、「まかせて」という、言葉と行動を引き出したのです。

私もこういう場面に偶然出くわしたとき、果たして「石やごみを拾って歩きやすくしてあげる」行動が取れるか、自信がありません。普段から人の気持ちも考えて言葉かけや行動が取れる人としての優しさを持ち合わせている彼女だから、「はきはき助けられるようにしようという気持ちをもてるようになりました」と、書けたのです。そして「まかせて」と、言ったおじさんの優しさが、彼女を人として成長させたのです。

この作文では、「こわさや不安を持ちながらも、その人のことを考えて、何か言ったり、してあげたことある人いませんか」と、問い、語ってもらおうと思いました。

授業の流れ

① 教師が心をこめて音読する。

② 文を読み、「わかったこと」と「書いた本人が思ったこと」を発表してもらいながら板書し整理する。

③子どもたちが、作文の中で「いいなあ」と思ったところに線を引く。
④書いた子が自ら作文を読む。
⑤子どもたちが線を引いたところを発表し、そこを選んだ理由や感想を話し合い、思いを深めていく。
⑥「同じような体験をし、同じように感じたことがありますか」と、尋ね、共感する発言を引き出していく。

読み深めた作文の2つ目です。

持久走　　5年　ラウル

ぼくが体育の中で一番きらいなのが持久走です。なぜかというと、つかれるし寒いし、息が苦しくなるからです。さらに、8分間同じスピードで走り続けなきゃいけないので、さらに息が苦しくなります。8分は長いので、まだ終わらないのか、といつも思っています。つかれで走っている時、だんだん足のかんかくがなくなってる時、走っているか分からなくなります。そして最終的に、頭がボーッとなってきます。そしてやっと8分間走が終わると、やっと解放されたように感じます。もう走らなくてすむし、息もだんだん回復するので、解放された感じがします。だけど、一週間後にまたあると思うと暗くなります。雨がふってほしいとも思います。次から8分間走じゃなく、5分間走にしてほしいとぼくは思います。もう8分間走は、絶対にいやです。8分間走はあと何回で終わるかなぁーと思っています。もういやや。

授業者として、私は次のように考えました。

人は、いつも楽しいことや嬉しいことばかりではなく、ときには、辛いことや嫌だと思っていることも体験することで成長していきます。ラウル君も一番嫌で苦手にしていることが、8分間の持久走だということが、よくわかる作文です。でも嫌な理由として書いていることは、「つかれるし寒いし、息が苦しくなる」あるいは「8分間同じスピードで走り続けなきゃいけないので、さらに息が苦しくなります」などです。どれも、嫌だけどがんばったから感じることができたのです。「解放されたように感じます」などは、よほどがんばっていないと出てこない言葉です。そして、「もういやや。」。この文は、駄々をこねているようにも感じますが、自分の思いを要求としています。「次から8分間走じゃなく、5分間走にしてほしいとぼくは思います。」と、しっかり書いています。「5分間走をしっかり走って、息も苦しくならずにスピードも落とさず走れるようになって、8分間走に挑戦したい」とも読める作文です。

まさに野名先生が言う通り、子どもは、担任の先生に甘えたいのです。自分の気持ちをわかってくれる先生であってほしいのです。

「もういやや。」、この言葉を書ける・言えるクラスは、すてきなクラスです。

この作文に限って「いいなあ。ではなく、えらいなあ」と思ったところに線を引いてもらうことにしました。

この日の授業を見ての感想を含め、作文を読み深める授業で大切にしてほしいことを、大阪綴方の会員であり大阪国語教育連盟委員長の片桐理さんに「コラム2　生活綴方と自己成長について」の中で語ってもらうことにします。

コラム2

片桐　理が語る

「生活綴方と自己成長について」

(1) 作文を読み深めるとはどういうことか

作文を読み深めるとはいったいどうすることなのか、これを考えることは、とても大切なことです。言うまでもなく、読み深める対象となる文章は、子どもが全エネルギーを込めて真剣に書き上げた文章なのです。たとえ、その文章が言葉足らずであっても、少々稚拙な書きぶりであっても、そこには子どもが表現し伝えようとしている自己があり、自己と関わる生活の意味があるのです。子どもの文章表現は、子ども自らが自己の内面（心）をさらけ出し、自己を育て成長している姿と見なければなりません。したがって、読み深めるとは、子どもの内面（心）に応えることなのです。そのことが子どもの自覚を促し成長を一層励ますことになるのです。ただし、子どもは、表現した自身の言葉の奥に、自己や自己と関わる生活の意味が潜んでいることに、必ずしも気付いているとは限りません。

(2) 子どもには子どもの世界がある

子どもの目線に立ち子どもの心に寄り添って文章を読むうえで大きく影響するのが教師自身の子ども観です。子どもという存在をどう見ているか、どう考えているか、どう感じているか、子どもってこういう存在ですよという教師の基本的子ども理解が作文を深く読めるか読めないかを大きく左右するのです。私たち大阪綴方の会では、基本的に子どもたちを次のように理解し、子どもたちが次のように育っていくことを願っているのです。

①子どもは、しゃべりたがりや、聞きたがりや、見たがりや、やりたがりや、知りたがりやである。極めてよくしゃべり、よく動く。ここに子どものエネルギーの激しさ・強さを見るし、子どもの健康さを見るのです。ときには、しゃべりが高じて理屈も屁理屈も言い大人をわずらわせる。しかし、子どもの理屈はまともになろうとする芽生えであり、世界が開けてき見えてくるために理屈が出てくるのです。理屈は「自己形成」「自己表現」の積極さを示す第一段階とみてやりたいのです。

②子どもはみんな伸びたがっています。すばらしくなりたい、賢くなりたい、学びたいと思っているのです。子どもの成長の途中には、進退、揺れ、屈折があるが、それは後退、退化ではなく、徐々なる拡充をしているのです。子どもは親・教師など近隣の「大人」から人生・生き方を学んでいるのです。子どもは、見るもの、聞くもの、社会や自然からしみじみと心に触れてくるものを求めているのです。

③子どもは、やんちゃであり、茶目っ気があり、明るく、物を見、物を聞いたとき、はつらつとして動く心、感動する心を持っています。しかし、ときに困った顔つきになり、さびしがり、悲しみ、嘘をまじめについて本当の自分を隠すことがあります。でも、子どもはだれでも、伸びていこうと願い、まっとうな生き方を心の奥深くで願っています。

④子どもは毎日飽きもせず学校へ来ます。それは、賢くなりたい、学びたい、伸びたいと願っての姿

と見るべきです。教師を見、学級の友だちを見、自分を見、そして豊かな物の見方や考え方、行動が学級という場で形成され学び合っていくのです。教室は、子どもにとって最高に学ぶことの多い場なのです。

⑤子どもにとって、学校は楽しくおもしろい所です。考えることが楽しいのです。苦しいことはあるけれどやはり楽しいのです。教えている先生と学びあっている学級をこの上もなく信頼しているのです。

⑥私たちは、子どもの生活を展いてやり、子どもの生活を積極的・意欲的なものにしてやりたいと思っています。そのためにも、子どものエネルギーをどう引き出すか、どう励ますかに気を配るのです。私たちは、心やさしい、心ねのやさしい人、意志の強い人、何事にも熱中する人、情熱を込める人、生き抜く人を育てたいと思っています。

（3）ここに子どもの成長を見る

子どもたちは、日々の生活の中で、自己の心に気付き自覚することで成長していきます。自分、他人、社会との関係に目を向け、心開いて思考し行動する姿は、子どもの成長そのものです。教師が子どもの表現に応え学級で紹介することは、作文を書いた子のみならず、学級の子どもたち全員の成長につながる大事な仕事です。勝村先生の授業には具体的な、子どもの成長する姿と、子どもの成長を期する教師の取り組みがあります。

2月7日の作文授業で、アイカさんが書いた「弟がいた」という作文を取り上げています。生まれ出ることもなくお母さんのおなかの中で亡くなった弟の死と自分の誕生秘話です。そこには、母と生まれてくる子との命の選択がありました。そのときのことが短い文章で鮮明に書かれておりドキッとさせられます。短くとも真実・真心を伝える文章の力というものでしょう。弟の死と母の命がけの出産が、アイカさんに「命の重み」と「生きる素晴らしさ」を教えてくれることになったのです。子どもが人の生死について考えることや母を思う心は、心の一番深いところから出てくる思いです。ときに人の生死について思ってみることは、「命の重み、生きる素晴らしさ」を考えていることでもあり、積極的・意欲的な生き方につながると見ることができます。事実、このアイカさんも会うことすらなかった弟でありながら、その題名は「弟がいた」となっています。生まれてはこなかったけれど、弟の存在を積極的・肯定的に表現しているのです。アイカさんの心の中には確かに弟はいたのです。題名にも、作文全体に流れる書きぶりにも、子どもの無意識な明るさ、前向きな健康さを感じます、悲しみを乗り越えたくましく成長する子どもの姿があります。また母への思いには心ねのやさしさがあふれています。「ママも私も助かりました。だけどやっぱり弟が生まれてこなくてかなしいです。だけど、弟の分まで生きたいです。そのために長生きは、大事だな、と思っています。」というアイカさんのこの表現に、勝村先生が「命の重みと生きる素晴らしさ」「積極的な生き方」「心ねのやさしさ」を読み、子どもたちにもそこへ目を向け語らせようとされたところに授業の素晴らしさがあります。この授業を通して子どもたちは、命の大切さ、積極的に生きる考え方と意欲、深いやさしさの意味に触れるのです。自己を励まし、自己を成長させ生き抜く力を培っていくでしょう。

2月14日の作文授業では、二編の作文を取り上げています。最初の一編はマミさんの作文、題名がありません。自転車で通りかかった道ばたで、足を痛めたおじいさんを助けようとした話です。最初は、おじいさんに声をかけ、自分のできることを精いっぱいやりながらも、「私は、こういった助けは初めてだったので、少し、不安と、こわいという気持ちがありました。」と素直に心の内の不安や恐怖を吐露しています。しかし、その不安や恐怖を乗り越えて一歩踏み出し、なんとかおじいさんの足の痛みを和らげようとする勇気、行動力、やさしさこそ、自己を拡充し強くする大きな成長の姿です。そのうちに近所のおじさんが来て、「ありがとう!」「このおじいさんはまかせて」とマミさんに言ってくれたのです。「なんだか私は、ホッとした気持ちになり」とあるように、近所のおじさんから、自分の勇気と行動に確信を与えてもらえたように思い、安心感と充実感が湧き起こってきたのでしょう。マミさんが近隣の大人から生き方を教えられた瞬間です。最後には、「私は、これから人を助ける時は、不安な気持ちを持たず、もう少し、はきはき助けられるようにしようという気持ちを持てるようになりました。」と自信を持って言い切れる力強い自分になった心の内を表現しています。マミさんは自らを振り返り自己の飛躍、成長を発見しています。子どもは、大人の素直な喜び・賞賛の方向に伸びていきます。また、成長の自覚が自分を前へ前へと進める力になるのです。

授業の中では、最後の部分に触れた子どもの発言に沿って、勝村先生が「マミさんは経験を自分のものにしているね。」「気持ちを『もちたいと思う』ではないですね。」とあえてつぶやき、マミさんの「もてるようになりました。」という表現に子どもたちの目がいくよう、さりげなく方向付けをしたところが大切なポイントでした。そのあと、勝村先生は、「こわさや不安を持ちながらも、その人のことを考えて、何か言ったり、してあげたことある人いませんか」と問われました。自分の生活に照らしてマミさんと似た体験を思い起こさせ、語らせ、それを聞き合うことで学級の子どもたちにも自己の成長を発見・自覚させようとされたのでした。静かなきりっと引き締まった雰囲気の中で、それぞれの成長を確かめ合う自由で楽しい、しかも、しみじみと心に触れる授業でありました。

取り上げた二編目の作文は、ラウル君の「持久走」という作文です。ラウル君が8分間の持久走を心底嫌がっていることが切実に伝わってきます。しかし、嫌がっていながらも、けなげにがんばって8分間を走りきっている姿に、勝村先生は、子どもの伸びようとする力・エネルギーを読んだのです。さらに、「次から8分間走じゃなく、5分間走にしてほしいとぼくは思います。」と言うラウル君の言葉を、ステップを踏んだ次への挑戦・飛躍への積極的要求、強い意志として先生は読んでいるのです。ラウル君自身はこうした自分の伸びようとしている秘められた力やエネルギー、強い意志を自覚して書いてはいないでしょう。だからこそ、授業でこういう内なる力を自覚し確認し合うことに大きな意味があるのです。『この作文に限って「いいなあ。ではなく、えらいなあ。」と思ったところに線を引いてもらうことにしました。』と書かれています。勝村先生の目には、子どもはあくまで伸びようとしており、そのエネルギーを必ず内に秘めているんだという子どもに対する全幅の信頼があるのです。一方、先生に向かって嫌なことは嫌と真剣に言えるのは、子どもたちにも先生に対する全幅の信頼があるからです。教育は先生と子どもの信頼から始まります。強い意志とそれを表現する力も信頼の中でこそ培われるものと考えたいのです。

エピローグ
反抗心をことばで綴った高校生の作文

『こころの作文』を発行したことをきっかけに、すばらしい教育実践をされている先生方にお会いすることができました。これから紹介する作文は、そんな出会いの中で生まれた高校生の作品です。

中学校での体験

ヒデユキ

小学生から中学校へ行くというのは、僕のあこがれだった。小学校では成績に問題はなかったし、中学校でもがんばろうと思った。

中学校入学初日、体育館に集合した。まず聞こえてきたのは怒鳴り声だった。あまりにも突然だったので、理解が追い付かなかった。小学校で怒鳴り声なんて聞いたことなかったから、困惑した。この雰囲気はなんだ。怖かった。

中学初の授業も、期待と少しの不安を胸に向かった。中学生らしくなってきて楽しくなってきた。しかし少し気が緩んであくびをしてしまった。先生の表情が変貌した。大げさなぐらいに。授業終了後に呼び出された。

「あんたのことずっと睨んでたけど分かった？」と、言われた。

意味が分からず黙ってしまった。

「あくびしとったやろ！　どういうことやねん！」と怒鳴られた。

別にやる気がなかったわけじゃない。むしろ楽しかった。そんな感情は怒鳴り声で消え失せた。ほかのみんなは、とっくに教室に帰っている。そんな中ただ一人、ひたすら謝ることしかできなかった。どうやらやる気のない奴だと思われたらしい。

汚名返上してやろうと意気込んだ。どうやらここは小学校ほど甘くはないと分かった。頑張ろうと思った。

「けど何を頑張るんだ……？」と考えた。まずは勉強という結論が出た。

授業も聞きノートも取りあくびもしなかった。テストが近くなってきたので、ここで高得点を取っておきたかった。

悲惨な結果に終わった。今までになかったひどい点数だ。周りのみんなはなぜそんなにいい得点が取れるのだろう。みんなと一緒の勉強をしたはずなのに。

「頑張ってないから当たり前だろう？」とでも言いたげな先生の顔は、今でも覚えている。

「頑張っても無駄」と考えるようになってしまった。努力をするのがバカらしくなってきた。その結果よく怒られるようになった。そんなことで怒るか？ということでも怒られまくった。「目ぇ見て話さんかいボケコラァ！」と何回言われただろう。いつからか僕は目を見ることが恐怖でしかなくなった。このころは怖くて目を見ていたが。

どうやら成績が悪くなると嫌われてくるらしい。同じ小学校だった奴らや、初めて会った奴らに目をつけられた。近くに誰もよらない、会話もない。

机を蹴られ、椅子もなくなり、靴も消えた。靴が消える毎日はウザいので、さすがに先生に相談。怖かったけど。

「お前管理悪いから、無くしたんじゃない？」と面倒くさそうに返答された。

「そんなわけないだろバーカ」という言葉を飲み込み確信した。この中学校にまともな奴はいないらしい。結局靴は他学年の下駄箱になげこまれていましたとさ。

もはや何をやっても無駄だと思った。何をやっても失敗し、怒られ、嫌われ、もう学校には行きたくなかった。だが不登校にはならなかった。

これが僕にできる唯一の反抗だと思ったから。

そんな僕も受験の年になっていた。だけどこんな僕が受験なんて何をすればいいかわからなかった。

「普通わかるだろ？」と先生も周りの奴らも口をそろえて言う。

その「普通」ができない僕はなんなんだ？と心の中でつぶやいた。

「普通」って何だろう。人としてできて当たり前のこと？でもそれができない人もいる。僕だってそうだ。でもＳＯＳが出せないまま自分だけで悩み、抱え込んでいる人も少なからずいるはずだ。

僕は将来、特別支援の先生になろうと思っている。僕みたいな子がこれ以上増えてほしくないからだ。自分が嫌になった、理解してもらえない。何をしても失敗して怒られる。そんな体験はとてもつらいだろう。

僕はそんな体験をした人たちの助けとなり、共に学び、助け合い、だれでも楽しく個性を大事にした教育をしていきたい。

２０２１年１月、大阪暁光高等学校教育探求コース３年生ヒデユキさんが『卒業作品文集』の中で書いた作文です。

この作文のすばらしいところは、「……だが不登校にはならなかった。これが僕にできる唯一の反抗だと思ったから」のところです。「もはや何をやっても無駄だと思った。何をやっても失敗し、怒られ、嫌われ、もう学校には行きたくなかった。」とまで書いています。普通は、心が折れます。でもヒデユキさんは辛いながらも自分の意思で登校しています。登校できたのは、いじめに負けない、負けたくない、人としてのプライドです。反抗心です。

そしてヒデユキさんの生き方で偉いところは、自分が受けた同じ苦しみを他の人、子どもに経験してほしくないと考えたところです。

ヒデユキさんが、なぜ中学校で受けた辛い体験を人生の糧にすることができたのか。暁光高校の先生や生徒からのどんな励ましがあったのか。紹介したいと思います。

2018年3月29日こんなメールが私のもとに届きました。

大阪暁光高校の和井田祐司（教師生活7年目）と申します。大倉恵子先生（長年暁光高校の国語科担当であり、勝村が交流を深めてきた先生）から、『こころの作文』を紹介してもらい、同著を拝読いたしました。安井小学校の実践に共感するとともに、勇気づけられました。

私は「教育探究コース」に準備の段階からかかわり、1期生の担任をしています。「教育・人間探究の時間」という特設授業を3年間で11単位設置していますが、そこでは、たくさんの「ヒト・モノ・コト」に出会い、学びを綴り、読みあうというサイクルを大切にしてきました。学習に対するレポートなので、自由作文とはなりませんが、意識していたのは綴方の思想・方法です。

書くことを通して学びと自己を往還させ、クラス内で読みあうことで他者理解・尊重の意識を涵養《かんよう》する。多様な他者が集まるクラスという集団のなかで、学びをまとめて読みあうサイクルが、子どもたちを成長させている実感をもっています。

教育探究コースの運営委員会でも勝村先生の取り組み・安井小学校の実践への共感の声が共有されています。ぜひとも、ご助言やお力添えをいただければと存じます。

高校生が書いた作文を読み、その作文を使って高校生と授業できる機会は、なかなかないことなので、自分の勉強のためにも喜んでお引き受けします、と返事をしました。

その年に2回、翌年２０１９年に2回、和井田先生の担当クラスで、生徒が思うがままに、自由に書いた作文を、教師も生徒もみんなで読み深めていく作文の授業をさせてもらいました。

２０２１年1月12日に、和井田先生から久しぶりにこんなメールが届きました。

今年も教育探究コースの生徒たちが書いた『卒業作品文集』を後日送らせてもらいます。このクラスは、2年生の時勝村先生に2回ほど、作文の授業に入ってもらったクラスの生徒たちです。

コロナ禍で改めて、作文の重要性を感じました。休校期間中、1週間連続で生徒に作文を書かせ、それをもとに文通?しました。最初は構えた生徒たちの作文も、週の後半になると素直に感じていることを書くようになりました。おかげで、学校再開の段階でだいぶ、生徒の問題関心やその子が置かれている状況が分かりました。書いたものをクラスで読み合う。そうした時間を大切にしていきたいと、コロナ禍で改めて感じることができました。

1月25日、『卒業作品文集』が、届きました。楽しみにしていたこともあり、一気に読みました。どの作品もみごとでした。自分の身に起こったこと、あるいは身の回りで起こっている社会事象をとらえ、自分の中に生まれた問題意識を掘り下げ、自分のものにしていたからです。学びの真実がここにあると思いました。特に文集トップ「特別なニーズのある子どもたちの支え方」を書いたヒデユキさんの作品に目がとまりました。

生活綴方で大切にしていること。文を書くことによって、喜びや悲しみを自分のものにし、読むことによって、その人の喜びや悲しみも自分のものにしていく感受性の育ちが、ヒデユキさんの作品にありました。

作品を読んでの感想を送りました。すぐ和井田先生から、こんな返事が返ってきました。

ヒデユキさん、彼にとって、作品に入れてあるあの作文は、大きな転機でした。自分の過去と向き合い、作文に書き、乗り越える力にしたのです。

ヒデユキさんがあの作文を書いたのは、卒業作品および進路を考えて面談していたときでした。「特別支援」というけれども、いまいち本音というか、そこに「ヒデユキ」というストーリーが見えなくて、けれどもほじくり返すでもなく、おしゃべりをしていました。

するると彼が、中学時代のことをしゃべり始めました。聞き取りをしていると、かなりつらい経験をしているのがわかりました。「今感じていることが、学びの原点になるかもしれない。思い出して、書いてみようか。」と原稿用紙を渡すと、一心不乱に書いていました。

ヒデユキさんの作文を用いて、いじめについて考える授業を試みました。

教室では目立たないし、あえて言うならば「おとなしくて悪さはしないけど、軽視されがちな子」でした。けれども、彼の本音をクラスの子たちは本気で受けとめて、自身の思い出を語ったり、質問を投げかけたりしました。勝村先生が以前おっしゃっていた、「共鳴」のような感じがありました。それをきっかけにドラマチックとはいわないにせよ、彼は生き生きとしていったように思います。

作品の配列で、彼をトップバッターに置いたのは、そんな思い入れがあったからです。

彼は私学のある教育大学に進学が決まっていて、特別支援の先生を目指しています。思うようにいかない子どもの気持ちを汲み取れる大人として、数年後、子どもたちに寄り添っていてほしいと願う生徒です。


ヒデユキさんの作文を用いていじめについて考えた授業がどんな授業であったか。作文「中学校での体験」の後に書いてあったヒデユキさんの文で紹介します。

中学校での僕の体験を作文に書き、クラスで発表しました。クラスのみんなは僕の発表を受けとめ、たくさんの感想や質問を寄せてくれました。僕の話や作文を真剣にとらえてくれて、共感や意見などさまざまなことをみんなで話し合えたことに、とても喜びや、感謝の気持ちでいっぱいになりました。

僕にとって、この先生に怒鳴られたことはトラウマになり、思うように学校生活を送れませんでした。苦しい出来事を思い返しながら、子どもの苦しさに気づき、支えてあげれるような大人になりたいと思います。

和井田先生の『卒業作品文集』の取り組みから、教育は、人が人として生きていくためのプライド、誇りを育てていくのだということを学ぶことができました。

そして生活綴方は、綴った人の人生の軌跡でなければならないとも思いました。

＊大阪暁光高等学校教育探究コース・第2期生制作『卒業作品文集』（2021年2月）より抜粋

解説

学校で学ぶことと生活綴方・作文教育

神戸大学　川地亜弥子

生活綴方・作文教育は、子どもの自己表現を大切にする。教師や仲間の中で自分の言葉がかけがえのないものとして大事にされることを通じて、自分自身が大事にされ、自分の言葉がしっかり受けとめられていることを感じる時間を積み重ねる。そして、文集が学校や地域のみんなにも読まれることによって、その空間が広がっていく。言葉の力だけをむき出しで育てようとするのではなく（そもそもそんなことは不可能だが）、人としてお互いにその言葉を大事にする取り組みの中で、安心して自分を表現できるようになっていく。その中で、悩みごとがあったら聞いてもらえる、聞きあう、という状況を当たり前のものにしてきた。子どもの自己表現と誠実に向き合うことが、人間的な生き方を育ててきたのである。

２０２０年10月末、堺で開催された学習会が冒頭で紹介されている。筆者もそこに参加した。何人もが「大志さんと愛梨さんの話をききたくて来た」、と言っていた。この企画は、大志さ

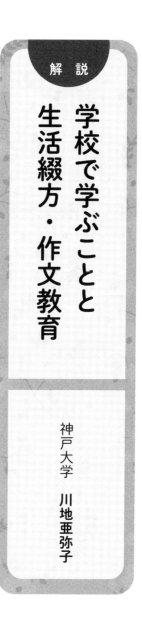

んが6月の始めに勝村さんに電話をかけたことで実現したそうだ。「勝村先生は、オレらがどんな悪さした時も作文を書かせてくれて、それをいつも読んでくれた。そして、他の先生、校長先生までオレらのことをよく知っていてくれて、力で押さえつけないで、言葉で分からそうとしてくれた。今、その恩返しをしたいんやけど……」。

大志さんは、勝村さんの実践について、私たち一人ひとりに届く言葉で語ってくれた。大志さんは、安井小学校と、その後の中学校で、先生たちが言葉でしっかり語ってくれたことで、今の自分も、腕力ではなく言葉でわかり合う生き方をしている、と語った。そうなのだ。「正しい」言葉遣いをさせ、「適切な」服装を着るように言うことよりも、まずは子どもの言葉に耳を傾けること。子どもが相手を傷つけるようなことや、周りをとても心配させることをしているとき、してしまったときにも、「～すべき」「～すべきではない」という「べき」論よりも、どうしても伝えたい大事なことを、子どもの胸に届く言葉で語ること。その繰り返しの中で、大志さんは、自分を語ったのだ。

愛梨さんも、勝村さんだけでなく、友だちや友だちの保護者、校長をはじめとする他の教職員、主治医が自分と一緒にしてくれたことや話してくれたことを語った。悩み、揺れる自分の気持ちが、語り合いや、自身の作品を読んでもらってのやり取りの中で、考えとして深まっていったことを生き生きと語った。言葉をていねいに深める中で、自分の変化を実感することにつながり、それは愛梨さんの生きる喜びそのものに関わっていると思う。

自己表現を中心に、読み、話し、深め、また書くことは、他者と出会い、世界と出会い、自己と出会い、自己を変えていくことである。人間が学び、生きていく根幹に関わることである。

学校で他者と共に学ぶこと

２０２０年2月末に、首相がＣＯＶＩＤ－19感染拡大を理由に全国一斉休校を「要請」し、多くの学校が休校した。それをきっかけに、学校はどんな役割を果たすべきかについて、大きな議論が巻き起こった。その中で、「学校にはテストで測ることのできる『学力』育成だけが求められているわけではない」という、当たり前のことが明るみに出たのだった。

学校にいる間、安全はもちろんのこと、安心して過ごせること。休み時間に友だちと話し、遊び、ケンカし、給食を食べ、具合が悪ければ「大丈夫？」と声をかけてもらいながら保健室に行くこと。単なる栄養補給としての給食ではなく、（たとえ黙っていたとしても）誰かと一緒にほっとしながら食べること。学校は、学ぶ場であるだけでなく、子どもが生き生きと生きることができる場であろうとしてきたし、そうあるべきではないか。いわば、子どものいのちをまるごと育てる場として、学校があらためてとらえ直されたのだった。

子どもの思いや生活に心を寄せる教師たちは、早くに動き出した。ＩＣＴ機器にこだわらず、すぐにできることをやり始めた。

本書の後半で紹介されている新金岡東小学校も、その一つである。休校中に書きたいときに書きたいことを書きたいだけ書く自由作文を、無理にやらなくてもよい自由宿題として、プリントを作成して、封筒につめ、家庭訪問をした。校長は、子どもたちが少しでも意欲的に取り組めるようにと子ども一人ひとりに手紙を書いて封筒に添えた。分散登校が始まり、たくさんの子どもたちが提出した。その自由作文を出した一人ひとりに、校長はコメントを書いた。

新金岡東小学校の取り組みは、学校教育に根源的な問いを投げかけている。学習内容をオンラインで届けることが学習機会の保障と言えるのか。学校における学びをそのように矮小化してよいのか。むしろ、心を寄せる教師や友だちがいて、その表現を大切に読み、深めていくことこそが学ぶ機会の保障なのではないか。

ホームとしての学校

学校の役割について再考するために大きなヒントとなるのが、アメリカの教育哲学者、ジェーン・R・マーティン氏が主張する「スクールホーム」である。日本の教育哲学者の生田久美子氏によれば、似た言葉を用いるホームスクール運動が「家庭（ホーム）」という場で学校教育を実践することを中心的に主張することに対し、「スクールホーム」は、家庭という空間的な場に固執しない（生田、301頁）。むしろ、「家庭」概念の中核に含意される「やすらぎ（アット・ホーム）」「親密さ」「愛情」の要素を取り入れ、他者だけでなく事物や観念に向けるケア・関心（コンサーン）・結びつき（コネクション）という3つのCを中核にした教育実践を展開しようとする。マーティン氏は、家庭が学校の学びを支えるための準備機関として「低く」とらえられている状況に異議を唱え、むしろ家庭の中心にある親密さや愛情の教育的意義から学校を変えようとするのである。

生田氏は、マーティン氏のスクールホーム構想から、教育の位置原理としての新たな「知識観」が導かれるという。三つのCと知識の間にある不即不離の関係は、「科学」と「ケア」の境界、「知的働きかけ」と「他者（物）へのケア」への働きかけとの境界の不確実さを明るみに出し、他者（物）との関係性の分析が結果として「知識」の新たな属性を浮き彫りにする（生田、313頁）。

少々難しい話が続いたが、生田氏の分析に基づいて考えれば、マーティン氏の主張する「スクールホーム」と、『こころの作文』『続　こころの作文』で描かれた実践は、重なるところが多いことが理解できる。学校が安心できる場であるようにし、反抗的な態度に見える子どもにも親身になり、子どものおなかが減っていると思えばおにぎりを差し出す。そうした取り組みが随所にみられる。暴力ではなく自分の考えを相手に伝わるように言うことの大事さを、大人が繰り返し語っていく。その中で、子どもたちは自分の考えを少しずつ語り、綴っていく。

何より重要なことは、彼らが書いたどんなに短くわかりにくい作文でも、いきなり直したりせず、教師が読み、みんなで読み込んでいくことである。書かれた作文だけが大事なのではなく、それを読みあう時間と空間も大事にされる。作文を読みあうとき、その著者はその時間の主人公である。誰よりも書かれた内容をよく知っている一方、みんながどのように読むか、緊張もする。読みあう関係の中で、子どもたちは、書いた子どものことをより深く知り、お互いに気持ちを寄せていく。

ナツさんは、「自分の存在」（112頁）という作文を書いた。クラスの中で「え、ナツが書いたん?·」「重いわー」という発言もあったが、それはナツさんを馬鹿にするものではなく、むしろ、率直に言える関係があるなかで、それぞれに自分の考えを深めていった。安心できる関係の中で、他者、物、自分との対話を深め、新しい文化を生み出そうとする。これは、1950年代の生活綴方で言われた「概念くだき」よりも、もっと子どもたちの中から浮かび上がってくる発見に寄り添ったものだろう。

本書の実践では、子どもの書いたものを気にかけ知りたいと思う他者が、時間的にも空間的にも広い範囲で存在していることにも驚かされる。先のナツさんであれば、低学年のときのナツさんを知っている人から「知りたい」と声がかかった。『こころの作文』は校区内外でたくさんの人に読まれている。冒頭の大志さんに戻れば、彼が書いた何年も前の作文について、話を聴きたいと大勢の人が集まった。もちろん、実践の中心にいた勝村さんが、朝日新聞や、NHKの報道で注目されていたということもあるだろう。しかし、それだけでは説明がつかず、むしろ、子どもの作文、子どものことばそのものに、そうした力があると考えるべきではないだろうか。もともと子どもは、自分を語ることばを持っている。言語だけでなく、表情、行動で表すこともあるが、それもふくめて、子どものことばをとことん大事に（生活綴方では、「瞳のように大事にする」という）してくる中で、よりいっそう、子どもたちが生き生きと表現してくる。そうして生まれた作文の力である。

もちろん、こうした取り組みは、大人の側に、真摯《しんし》に考え行動することを鋭く要求する。理不尽な要求をする人がいたときに、それを安易に受け入れていては、不可能である。たとえば、学校にふさわしい服装、というあいまいな言葉で子どもに「ケチをつける」大人がいたときに、「なぜ服装が問題になるのか」、「服装よりも、ここでこうして取り組もうとしていることのほうが重要ではないのか」とはっきり言っていかなくてはならない。

勝村さんは、そうしたぶつかりもいとわず、子どもたちが安心してとことん考えて表現できるホームを、学校でつくりだしている。だからこそ、大阪で勝村さんと共に実践を語り合ってきた野名龍二さんは、勝村さんの実践について、どんなことがあっても子どもたちを「決して離さんぞ」という姿勢に貫かれている、と語ったのではないかと思う。

〔参考文献〕
・川地亜弥子（２０２０）「新型コロナ禍で問われる学校の役割」『季刊ひろば』２０３号、京都教育センター、４－９頁。
・川地亜弥子（２０２１）「学校で学ぶことと生活綴方」『作文と教育』８８８号、本の泉社、６－10頁。
・マーティン、ジェーン・R著、生田久美子監訳・解説（２００７）『スクールホーム――〈ケア〉する学校』東京大学出版会。

おわりに

2021年4月はじめ、いったん離れた安井小学校に、もう一度、どの子どもも安心して通うことのできる学級・学校づくりのため、作文指導中心の学習支援員として週2日通うことになりました。

4月の終わり、そのとき何をするにも少し投げやりになっていた6年生のコウキが、こんな作文を書き、私に渡しました。

学校めんどくさい

6年　コウキ

学校はめんどくさい。勉強はめんどい。宿題はめんどい。書くのはめんどい。学校すべてがめんどい。あるくのもめんどい。ゆいいつたのしいのは、席がえ、体育、20分休けい、昼休みだけ。

学校めんどい。いきたくないけど、ぎむきょういくだから行く。そんな理由。本当は、いきたくない。でもいったら楽しみがあるからいく。どっちかといわれると答えられない。本当はいきたくない日もある。いきたいときもある。学校は本当に意味がわからない。

しょうらいに関係ないことをならう。その時は、うっとおしいの思い。やる気がでない。でもみんながやっているからやる。(しゃあなしみたいなもん。)

みんなはそれぞれちがうけど、おれは、毎日今は学校にいくのはめんどくさい。

コウキが今の正直な心境を文で打ち明けました。形だけの勉強、そして形だけの友だちとのつながりは「もう嫌だ!」と言いたいのです。何事にも本気で取り組める自分になりたいのです。学校というところは本気の自分を出せるところであってほしい、と願っているのです。

この作文を含め、安井小学校を中心に、子どもが書いてきたたくさんの作文を読んできました。今を生きている子どもが、教師や親、大人に何を求めているかを知ることができました。

子どもが強く願っている、求めていることは、どのような自分でも、成績が良くても悪くても、みんなと仲良く遊べても遊べなくても、普通からはみ出す自分であっても、あるがままの自分を一人の人間として認め、励ましてほしい、ということでした。

今を生きている子どもから、人としてしっかり生きたい、成長したいという、生への意欲を感じることができました。感じることができたから、子どもの自己成長を願った授業や向き合い方ができたと思います。

子どもの自己表現に注文をつけたいときは、自分の教育のあり方に注文つけるべきときです。私は自分に注文をつけることで、教師としての力量を高め、子どもとのこころのつながりを大切にすることができました。

この本を閉じるにあたり、私からのお願いがあります。子どもも大人と同じように日々の生活の中で、喜びや悲しみ、ときには辛いことも感じながら生きています。特に子ども自身が自分の成長を感じられず苦しんでいるときこそ、理解しようとしてください。理解しようとすれば、一見否定的に見える表現、行動や言動の中から、子どもの成長したい、という積極面、願いが見えてきます。見えてくれば子どもの思いを大切にした励まし方ができます。

大人からの人間味のある励まし方をする中でこそ、子どもは人間性豊かな人として成長していくことができます。

最後に、私が教師という道を選び、教師として歩み続けることができたのは、子どもと保護者、教師の仲間と先輩方、そして教育に熱心な方の支えがあったからです。また、この本を手に取り、最後まで読んでいただいた読者のみなさまのおかげです。本当にありがとうございました。

2021年　7月

勝村謙司

●著者プロフィール

勝村謙司（かつむら・けんじ）
1954年４月18日生まれ。大阪府堺市出身。1978年、堺市立桃山台小学校教諭に。市立浜寺小学校、登美丘南小学校を経て、2004年に安井小学校に赴任。2015年春に定年退職後は講師として同校で勤務を続け、現在、安井小学校と新金岡東小学校の学習支援員として勤務。日本作文の会、大阪綴方の会会員。共著『こころの作文』（かもがわ出版）。

川地亜弥子（かわじ・あやこ）
1974年、福井県大野市生まれ。神戸大学大学院人間発達環境学研究科准教授。大学院生のときに生活綴方と出会い、以来研究をおこなっている。自由な言語表現が 人間の発達に果たす役割や、教育的な評価としての作品批評に関心がある。共著に『流行に踊る日本の教育』（東洋館出版社）、『公教育としての学校を問い直す』（図書文化）、『自閉症児・発達障害児の教育目標・教育評価』（クリエイツかもがわ）等。

続・こころの作文
綴り、読み合い、人として生きていくことを励まし合う

2021年10月１日　　第１刷発行

著　者／ⓒ勝村　謙司
解　説／川地亜弥子

発行者／竹村正治
発行所／株式会社　かもがわ出版
〒602-8119　京都市上京区堀川通出水西入
☎075(432)2868　FAX 075(432)2869
振替　01010-5-12436
印　刷／シナノ書籍印刷株式会社

ISBN978-4-7803-1185-3 C0037　　Printed in Japan